LOS ONCE QUE SE

SALVARON

Bernardo Gomez Restrepo

A MIS HIJOS:

Carmen Eugenia Gomez

Bernardo Gomez

Alberto Gomez

Marco Antonio Gomez

Índice

Capítulo 1
La Familia de la Fe

Berni, el más joven de los once hijos de Don Marco Aurelio, le preguntó a su madre cuando solo tenía seis años,

"Mamá, ¿por qué mis hermanos no son iguales que yo?"

"Hijo," respondió ella, "Cuando los hermanos son gemelos, se parecen mucho entre sí, pero si no son gemelos, ninguno se parece. Pueden compartir algunos rasgos como el cabello, los ojos o el tipo de cuerpo, pero ninguno es idéntico.

Por ejemplo, sus personalidades, galantería, voces y muchos otros detalles son diferentes. ¿Lo entiendes, hijo?"

"Sí," respondió Berni.

"Mira," le dijo su mamá, "mis dedos en mi mano son todos diferentes entre sí y tienen nombres distintos.

Lo mismo ocurre con mis hijos y los de cualquier otra madre."

"Mamá," dijo Berni, "¿es que Dios hace a los niños de esta forma para que las mamás no los confundan? Porque ¿cómo sería para ti, me imagino, con los once de nosotros como hermanos?"

"Hahahahaha. Sí, hijo, sería un desastre, y terminaría completamente loca."

Berni salió corriendo a regar las plantas y flores del jardín, como lo hacía todas las mañanas, siguiendo las órdenes de su madre.

Así comienza la historia de los hijos de Don Marco Aurelio.

Todos nacieron en la ciudad de Armenia, conocida como la Ciudad Milagro, en el Departamento de Caldas, que anteriormente formaba parte de la Antigua Antioquia, en la República de Colombia, Sudamérica.

Se llama Milagro debido a su rápido y notable desarrollo.

Esto es corroborado por la reconstrucción inmediata después de que un terremoto en 1999 destruyera la mayor parte de ella, y por los milagros ocurridos en la casa de Don Marco Aurelio y Doña Carmen.

Colombia es el país más feliz del mundo, superado solo ligeramente en alegría por la República Dominicana, otro país ubicado en el Caribe.

Esto hace que la región de América sea aún más hermosa, la novia del mundo.

Este sentido de alegría y calidez es algo que Berni llevaba consigo mientras volaba a Nueva York. Siempre había sentido una conexión profunda con el espíritu festivo de la región, especialmente en Navidad.

Sin embargo, cuando el vuelo 961 de American Airlines desde Miami atravesaba los cielos tormentosos del noreste, Berni no podía ver el famoso horizonte de la ciudad. La lluvia era implacable, impulsada por una tormenta que había azotado la zona desde el 23 de diciembre de 1984, exactamente el cumpleaños de Berni.

Era la tercera vez que iba a visitar a su esposa e hijos, siempre asegurándose de que su visita coincidiera con Navidad para poder compartir la celebración de otro aniversario del nacimiento de Jesús de Nazaret.

La última vez, un año antes, los había visto en Miami, pero ahora vivían en Union City, Nueva Jersey, a solo unos pocos kilómetros de Nueva York a través del túnel Lincoln, que conecta los dos estados estadounidenses.

Berni bajó del avión, se dirigió a la zona de equipaje, y una vez que tuvo su maleta, fue a la parada de taxis.

Al abordar uno, le pidió al conductor que lo llevara a Union City, entregándole la dirección donde su esposa e hijos — Carmen, Bernardo y Alberto— vivían ahora. Berni fue dejado a unos pasos del lugar, pero fue suficiente para empaparse y quedarse congelado por el frío, con la temperatura a 10°C. Tocó el timbre dos veces, y finalmente la puerta se abrió.

Apareció María Eugenia, la esposa de Berni, y al verlo, quedó muda. Igualmente, su esposo no pudo pronunciar palabra alguna en saludo —ella estaba embarazada.

Había pasado un año desde la última vez que se vieron durante la Navidad de 1983 en Miami, pero María Eugenia ahora estaba embarazada de siete meses. Berni solo pudo balbucear unas pocas palabras de saludo a sus hijos.

En ese momento, la esposa de Berni desapareció.

Nunca la vería nuevamente hasta que el destino los enfrentó cara a cara en la sala de espera del Hospital Baptist de Miami, esperando la muerte de Herman, el sobrino de Berni, amante de María Eugenia, y el padre del niño que ella llevaba.

Bernardo Jr., entendiendo la situación de su padre, tomó una botella de licor y le ofreció un trago, el cual bebió, seguido de otro.

Berni no sabía qué estaba pasando, y fue solo un poco después que su hijo comenzó a explicarle que su madre había tenido relaciones sexuales en su propia casa con Herman, el sobrino de Berni.

Berni permaneció en silencio, sin pedir aclaraciones a su hijo. En su lugar, le pidió que lo acompañara a encontrar un hotel cercano.

Pero Junior le rogó que no se fuera, ya que aún llovía, la noche estaba completamente oscura, y encontrar una habitación de hotel sería difícil, pues todas estaban llenas por la temporada de fin de año.

Berni aceptó y durmió en la misma habitación que Junior, aunque solo fingió dormir y no pudo cerrar los ojos en toda la noche.

A la mañana siguiente, Berni se levantó al amanecer y llamó a su hijo Bernardo, pidiéndole una toalla para ir al baño. Luego le dijo que estuviera atento al taxi que llegaría en media hora. Fue a la habitación de su hijo más pequeño, Alberto.

Le pidió que empacara sus maletas, ya que lo llevaría a Miami para una revisión de la cirugía de corazón abierto realizada ocho años antes en la Clínica Shaio de Bogotá, Colombia. Media hora después, ya estaban en camino al Aeropuerto de Newark, donde Berni esperaba tomar un vuelo temprano a Miami para dejar —o intentar dejar— su pesadilla atrás.

Una vez que tuvo los boletos de avión y las tarjetas de embarque, fueron a la cafetería y se sirvieron un modesto desayuno de la línea de autoservicio.

El avión despegó a las 10 a.m., rumbo al sur, y tres horas después salían del Aeropuerto Internacional de Miami. Jaime, el hermano de Berni, los esperaba en la salida para llevarlos a su apartamento. Berni lo había llamado previamente desde Newark.

Berni expresó inmediatamente la necesidad de encontrar una casa para alquilar o comprar, y rápidamente pidió los periódicos locales. También le pidió a Jaime que lo acompañara esa tarde al hospital infantil para registrar a Alberto para consultas. Berni le agradeció de antemano por la ayuda.

Berni y su hijo se dieron un baño, y poco después, estaban en un taxi con Jaime camino al hospital.

Una vez allí, llenaron los formularios de inscripción y se sentaron a esperar la llamada de los asistentes. Mientras tanto, Berni se disculpó con su hijo y salió al jardín con su hermano. Allí, Berni le contó a Jaime lo sucedido la noche anterior en Nueva Jersey. Jaime lamentó la situación de su hermano y ofreció ayuda. Cuando Berni le preguntó si lo sabía, Jaime dijo que sí.

Berni, muy molesto, lo reprendió por no habérselo contado. Jaime respondió, "Hace un año envié una carta a Cali informando que María Eugenia era amante de Herman. Estaba embarazada y se mudaron a Nueva Jersey para evitar un escándalo que ya se conocía en Miami y Colombia. Como siempre, el marido es el último en saber cuando su esposa es infiel."

Luego regresaron a la sala de espera, y segundos después, Alberto fue llamado por una enfermera para los exámenes previos a la consulta.

Una hora después, Berni fue llamado por el médico que había atendido a su hijo.

El médico le dijo que Alberto estaba completamente recuperado de la cirugía y que podía llevar una vida normal. De paso, añadió que el hospital se estaba quedando pequeño para Alberto, quien ya mostraba señales de ser un joven bien desarrollado. Berni entendió lo que el médico quería decir.

El médico también dijo que quería los nombres de los cirujanos de la Clínica Shaio en Bogotá para felicitarlos por la exitosa operación. Berni le agradeció por la noticia y se despidió. Esto llenó de alegría a Berni y su hijo.

"Un día nunca es igual a otro," le dijo a su hijo mientras salían de la oficina, dirigiéndose a la estación de enfermeras para programar una cita de seguimiento en dos meses. Se acercaron a su hermano e invitaron a salir.

El taxi que los había traído estaba esperando, y Berni le indicó al conductor que los llevara a un diner americano para "algo de comer," como dicen los colombianos.

Al llegar, Berni invitó también al conductor, y todos entraron después de que Berni agarrara una revista del dispensador en la entrada: un suplemento inmobiliario con casas y apartamentos en venta o alquiler.

En la mesa, después de pedir, rodearon direcciones de casas cercanas a la de Jaime con la ayuda del conductor. Era la zona 402, mejor para personas distinguidas como tú, dijo el conductor. Berni, a pesar del dolor que le desgarraba, le dijo al hombre que esas palabras doblarían su propina.

Después de comer, se dirigieron a la casa de Jaime, donde se quedarían temporalmente hasta encontrar un lugar.

Berni valoraba la vida, su esposa, sus hijos y toda la humanidad, pero una tristeza abrumadora lo consumía, una pena profunda que apenas podía soportar.

Al día siguiente, Berni salió a buscar una casa para él, su hijo y su secretaria, que llegaría desde Cali, Colombia, en los próximos días.

Berni necesitaba organizar sus pensamientos para ejecutar los planes que había ideado en el vuelo hacia Miami.

Pronto se sentó en la sala, listo para salir, pero necesitaba a su hermano y su coche para la búsqueda de casa. Esperó, sintiendo su cabeza pesada por la segunda noche sin dormir. Jaime pronto salió, preguntando qué tipo de casa quería y sugiriendo que esperaran a Lilian, la secretaria, ya que las mujeres son mejores para elegir casas.

"Sí, claro," fingió Berni.

"Y de todas formas, Lilian y mi hijo vivirán allí ya que no sé qué será de mí."

"¿Por qué?" preguntó Jaime.

Berni respondió, "Tal vez regrese a Cartagena para mis negocios después de solucionar todo aquí. Además, necesito confirmar la salud de mi hijo. También traeré a Carmen Eugenia y Bernardo Jr. a Miami para que continúen sus estudios; esta es la mejor ciudad de los para los colombianos."

Jaime aconsejó a Berni que se relajara, visitara a la familia y amigos, y esperara a la secretaria. Esa noche exploraron discotecas, las mejores por sus luces, decoración y muebles, claramente financiados por mafias colombianas, lo que las hacía de clase mundial. Berni nunca imaginó los sistemas de sonido y la música.

La multitud era distinguida, incluidos notorios líderes del cartel colombiano de Medellín, el centro de la mayoría de las drogas destinadas a los EE. UU. a través de las Bahamas, Puerto Rico y Panamá.

En ese entonces, el Cartel de Cali no tenía el poder de exportación que obtuvo después de la violenta muerte de Pablo Escobar a manos de la policía.

Pasaron los días, tal vez una semana, y Berni inscribió a Alberto en la escuela más cercana al recibir los documentos de transferencia de la Escuela Emerson en Union City, Nueva Jersey, donde Alberto y sus hermanos habían estado estudiando la escuela secundaria.

Sorprendentemente, Berni recibió una llamada tardía un jueves, dos semanas después de llegar a Miami.

Lilian, su secretaria, esperaba su equipaje de un vuelo desde Los Ángeles. Dijo que estaría en el apartamento de su hermano en menos de media hora y le rogó que esperara, ya que tenía que actualizarlo sobre todo. Berni esperó, y minutos después, después de las presentaciones, se fueron a un restaurante cercano. Mientras esperaban la comida, Lilian contó su viaje.

Berni había planeado todo el viaje desde Cali hasta Miami, pero Lilian no sabía que involucraba un cruce ilegal a través de México. No tenía visa estadounidense del consulado colombiano. Aún así, Berni dijo que pasaría legalmente con una visa emitida en México. Esto fue una mentira para evitar que ella se panicara y fuera detenida o deportada en la frontera o en los EE.

UU.

Lilian comenzó: "El viaje fue extraordinario. Estoy encantada de estar en este hermoso país con sus paisajes, carreteras y gente."

Berni interrumpió, preguntando sobre el cruce fronterizo. Ella dijo, "En México, volamos a Tijuana. Diomedes me llevó a una pista de carreras de galgos."

"¿De verdad?"

"Sí."

Berni respondió, señalando que esas carreras datan de hace 2500 años en Egipto.

"Salimos a medianoche, llegamos a los puestos fronterizos una hora después. Diomedes mostró los documentos al agente. Le hicieron preguntas; yo solo sabía de dónde veníamos. Dije que veníamos de la pista de perros en Tijuana."

"¿En español o inglés?" preguntó Berni.

"En inglés."

"¿Cómo salió?"

"Perfectamente, mejor que Shakespeare."

"Bien," dijo Berni.

"Luego llegamos a San Isidro, según Diomedes, no sabía dónde estábamos. Su hermana y su familia nos esperaban allí. Al día siguiente, a Los Ángeles, y ya sabes el resto. Pero ¿cómo conseguiste la visa en México después de nuestras luchas en Cali y Bogotá?"

"Recuerdo," dijo Berni, "pero lo contaré después. No obtuve visa."

"No me dejes colgada, ¡es increíble!"

Berni explicó después de la comida: "No había visa, cruzaste ilegalmente."

"¿Cómo? No puedo creerlo."

"Es cierto, mi querida secretaria. Eres indocumentada, pero solo nosotros, Diomedes y Dios lo sabemos.,"

Al día siguiente, Lilian, actualizada sobre los planes de búsqueda de casa, anotó las direcciones. En el coche de Jaime, Berni, Lilian y Alberto recorrieron, siguiendo los consejos de tráfico del hermano de Jaime. A los treinta minutos, en el pintoresco Coral Gables antiguo, dos patrullas de policía y dos vehículos civiles los bloquearon con luces intermitentes.

Siete hombres emergieron: cuatro policías uniformados y armados; cuatro o cinco de civil con chalecos antibalas. Un civil mostró una placa del FBI. Le pidieron la licencia de Berni en inglés, luego los presionaron contra el coche (el de Jaime, que no estaba allí).

Al ver la licencia colombiana de Berni, registraron el coche durante más de una hora, incluyendo las desordenadas herramientas de electricista de Jaime. Cachearon a Berni, Lilian y Alberto también. Al no encontrar nada, preguntaron por qué estaban en una zona tan exclusiva. Berni mostró la lista de direcciones para la búsqueda de casa.

Alberto añadió en perfecto inglés que eran padre, hijo y secretaria. Los oficiales se disculparon y se fueron.

Una hora después, Berni se recuperó y condujo hacia la casa de Jaime, decidiendo pausar la búsqueda hasta mañana, dirigiéndose a la Avenida 95 por la Calle 40 Sur.

Berni le contó a Jaime esa tarde, al regresar de la obra. Jaime se enfureció, sugiriendo una demanda.

Berni estuvo de acuerdo en que era una violación de derechos humanos, pero dudaba que un juez estadounidense la aceptara contra colombianos en una operación antidrogas. "Es un milagro que nos dejaran ir—con nuestro 'estigma,' podrían habernos detenido para revisiones de antecedentes. Para los colombianos, entrar aquí ya es suficiente."

Lilian, Berni y Alberto discutieron la disposición de los muebles en su casa alquilada (con opción a compra): tres habitaciones, 2.5 baños, sala de estar, comedor, kitchenette, jardín delantero con palma real, dos lugares de estacionamiento; un gran patio trasero con limoneros y naranjos, un canal limpio con peces.

Los vecinos estaban a más de 20 metros de distancia. El lugar ideal en la Avenida 96, #96-69, cerca de la casa de Jaime—

clave para los planes de Berni, ya que Jaime conocía bien la ciudad.

Berni hizo que Lilian llamara a un cerrajero para cambiar las cerraduras, instalar alarmas en puertas/ventanas y revisar lo eléctrico. Compró muebles tropicales y artículos para la casa.

Días después, Lilian había arreglado y decorado la casa de manera hermosa—su buen gusto, orden y limpieza brillaban, a diferencia de la oficina.

Nadie alegró a Berni; la pena del corazón impedía una plena apreciación.

Lilian, pensando que Berni solo se preocupaba por las visitas médicas de Alberto, prometió encargarse de las citas por teléfono.

Más visitas confirmaron la buena salud de Alberto.

Berni siguió adelante, asegurándose de que no hubiera sorpresas en el futuro. Charlatanería de adivinas, conjeturas de científicos, predicciones de sabios—el fin del mundo, la tierra congelándose, el sol abrasando, las aguas secándose, el fin de la vida vegetal/animal/humana—nada es predecible.

Berni no habría podido imaginar su calvario.

Mientras reflexionaba sobre esto, el teléfono sonó a las 10 p.m. Su hermana desde Nueva Jersey dijo que María Eugenia había tenido una cesárea la noche anterior; el bebé estaba envuelto en el cordón umbilical alrededor del cuello, muerto desde hacía una semana. La sombra de la muerte se cernía sobre el "hogar" de la esposa de Berni y su sobrino, Herman Muneton (el padre).

El niño ya tenía ropita, cuarto y más listo—Herman estaba bien económicamente gracias a los negocios (ilícitos o no) que habían crecido durante un año.

Esto impulsó a Berni a acelerar los planes. Dos semanas y muchas llamadas después, se encontró con su sobrino Fernel en el aeropuerto de Miami.

Tras los saludos, se dirigieron a "la ciudad en progreso," donde Fernel presentó tres contactos del mundo de las drogas. Uno aceptó sobre cómo, cuándo, dónde y el precio.

Una semana después, Fernel regresó a Cali, solo para descubrir—inesperadamente—que su esposa estaba "fuera de base" (siendo infiel). En un arranque de rabia, la mandó al Hospital Universitario.

Parecía que la infidelidad se había convertido en una epidemia.

Pasó un mes; Berni instruyó a Lilian sobre la llegada de sus dos hijos (Carmen Eugenia, Berni Jr.) desde Nueva Jersey— recógelos en el aeropuerto. Berni no podía esperar; necesitaba estar en Cartagena el próximo sábado para negocios después de dos meses fuera. Lilian sabía; Berni confiaba en ella.

Le pidió que empacara mientras él se bañaba para vestirse para el aeropuerto. Luego llegaron dos patrullas, con luces intermitentes. Dos policías robustos tocaron en el 9669. Alberto abrió; le pidieron a su padre. Apareció Berni. Mostraron placas y hicieron dos preguntas. "Claro," dijo Berni.

(Le bloquearon la puerta.)

"¿Conoce a la Sra. Maruja?"

"Sí, oficial."

"¿En el Hospital Baptist ayer?"

"Sí."

"Venga a la estación para más preguntas."

"Con gusto."

Berni le dijo a Alberto que le dijera a Lilian que terminara de empacar—esperarían, él regresaría en tres horas como máximo. Lo dijo antes de los policías, pero no estaba seguro. Entró en el primer coche trasero; otro agente invisible estaba allí.

La conversación fue cordial en un mal español con el agente.

Berni es el más joven de los once hijos del matrimonio legal de Doña Carmen y Don Marcos. Nació el 23 de diciembre de 1939 en el pueblo de Milagros, en la ladera de la Cordillera Central, al sur de Antioquia, uno de los departamentos más grandes de Colombia. La tierra era fresca y húmeda, con el café como producto principal.

Hermosas fincas albergaban los mejores cultivos de café del mundo, con algo de ganado. La gente era católica y saludable, pero también creía en los antiguos mitos de Antioquia como el "Jabalí Guaca"—un cerdo de espíritu infernal que protegía los campos y el ganado. Mitos como los enanos, la "Bruja de Una Pierna" y el fraile sin cabeza también influían en el comportamiento local.

Escritores de mitos como Javier Ocampo López afirman que la topografía mitológica colombiana es una de las más significativas, extensas y hermosas del mundo.

Este país, aún visto por algunos europeos como puramente indígena, es una maravilla planetaria: su gente, sus cordilleras, tres mares (Atlántico, Caribe, Pacífico), riquezas naturales, fauna, flores, aves, carbón, petróleo, gas, oro y esmeraldas. Las mujeres colombianas son consideradas las más bellas y sensuales del universo, al igual que las de Venezuela, Francia e Italia.

De manera única, los santos realizan milagros, y las prostitutas, sin vergüenza, llevan esteras bajo el brazo por su franqueza.

Berni nació después de uno de los peores terremotos que la región había sufrido, y solo 10 años después de la peor crisis económica del mundo, causada por los Estados Unidos.

La Segunda Guerra Mundial se desarrollaba entre las potencias económicas cuando, la noche anterior al aniversario del Nacimiento en Belén, el hogar del matrimonio más encantador y admirado se llenó de alegría con la llegada de un niño, bautizado ocho días después por el Padre Botero como Berni.

(¿Por qué darle ese nombre? Mejor llamémoslo Jesús, Juan o Pedro, dijo el sacerdote, pero Don Marcos, que era un hombre de pocas palabras y hablaba claro, respondió alzando su voz atronadora: "Lo llamo Berni, Padre.")

Al día siguiente, una comisión de la junta directiva del convento de las Hermanas de la Caridad llegó a la casa de Doña Carmen y, al ver a tan hermoso niño—sumiso, callado, rubio con ojos verdes—le suplicaron a la orgullosa madre que permitiera que lo pusieran esa noche en la misma cuna del Belén que las monjas habían creado para las festividades navideñas.

Querían representar, de la manera más original, el nacimiento del Niño Divino, como expresaron a Doña Carmen.

"Es un honor lo que me hacen," dijo Doña Carmen. "Y una bendición de Dios," añadió.

El niño ya tenía tres meses, y su personalidad comenzaba a manifestarse.

Su padre, Don Marcos, dijo: "Míralo—es callado, sonríe cuando debe, y no es llorón como todos los niños de su edad."

"No, Don Marcos," dijo Don Nicolás, el dueño de la tienda del barrio—"lo que pasa es que nuestros hijos son mejores que los de los demás."

"No seas tonto, hombre," lo refutó Don Marcos y se fue rápidamente.

El niño llenó el dulce hogar de Don Marcos y Doña Carmen de alegría.

No era uno de más, ya que ya había diez hijos. Todos lo cargaban, una de sus hermanitas lo vestía, otra lo peinaba, y la mayor le lavaba los pañales y la ropa de la cuna. Doña Carmen y Don Marcos nunca imaginaron, ni un adivino lo predijo, cuánto sufrirían a lo largo de sus vidas debido a sus once hijos.

Todos eran diferentes, obedientes, respetuosos, pero llevaban un defecto—los varones, lo cual se descubrió solo después de los primeros siete años del hijo más joven, Berni, quien descubriría un mal tan terrible que, muchos años después, se conocería como una enfermedad genética.

19

Algunos de ellos provocarían graves heridas en el corazón—esas lesiones que solo el corazón de una madre puede sanar.

Porque el padre nunca podría sanarlas. Los padres no sabían cómo perdonar..

Los hijos de Doña Carmen nacieron sin defectos. Eran brillantes, mesurados en el habla, pero rápidos en la acción. En el amor y la conquista, se hicieron bien conocidos en su pueblo, y la gente los colmaba con todo el cariño que podían ofrecer a sus semejantes.

Doña Carmen pertenecía a la asociación de San Vicente de Paúl. Era miembro de la Asociación de Viudas con Dignidad.

Amaba a Dios y era activa en la asociación de devotos del Corazón de Jesús, Patrono de Colombia. Don Marcos tenía los mejores contratos de construcción para residencias de los más famosos ricos de la zona; se le otorgó el contrato para la construcción de todas las estaciones, con sus respectivos almacenes, para el Ferrocarril del Pacífico, que extendía sus líneas.

Vías eléctricas y paralelas recorrían el departamento de Caldas, que luego fue llamado el departamento de Quindío. Era un hombre honesto, serio y cumplido en todos sus deberes como esposo, padre, trabajador y ciudadano.

Descendiente de la raza antioqueña, una casta genuina, emprendedora, que se levantaba con el Sol para trabajar y creaba riquezas con pico y pala como herramientas, formando grandes y hermosas ciudades como Medellín, Manizales y Armenia.

Pero en la historia que el mundo conoce, solo se recuerdan los secuestros, las muertes por explosiones y las ejecuciones de la mafia, trágicamente creadas por el infame Pablo Escobar y los extraditables. Al menos sus abuelos murieron, dice un poema, sin saber lo que uno de sus hijos haría con Antioquia y Colombia.

Incluso en el infierno, fue a causar problemas con sus excentricidades e instaló aire acondicionado incluso allí.

Doña Carmen era una hermosa joven de solo 16 años.

Tenía la piel del color de las perlas africanas, altura media, un cuerpo esbelto y ágil, cabello negro y ondulado, ojos color miel, largas pestañas rizadas, una nariz grande y una boca llena.

Un domingo, llegaron dos de sus amigas para pedirle permiso a su madre para asistir a la reunión que se realizaba en el parque del sector cada fin de semana.

En tal evento, los vecinos se reúnen, principalmente los jóvenes, para conocer a otros y formar amistades. Era una excelente oportunidad para darse a conocer y coquetear

21

libremente. Las mujeres iban de norte a sur, y los hombres en la dirección contraria. De repente, un hombre guapo, enfrente de ella, fijó su mirada en sus ojos. Con sus ojos azules y mirada serena, la dejó extasiada.

Estaba tan impresionada que tuvo que suspender la caminata y regresar a casa de inmediato, perdiéndose así el concierto donde se interpretaría la "Sinfonía No. 5" de Beethoven. La chica negra, como cariñosamente la llamaban, no pudo caminar debido al temblor de sus piernas después de ver a ese joven, que era diez años mayor que ella.

En casa, permaneció reclinada en la cama y le prepararon una infusión de té verde.

Durante la semana, el joven del parque, cariñosamente llamado el "monito," había estado preguntando en todos los puntos cardinales dónde podía vivir una mujer tan hermosa.

Finalmente, el sábado, después del encuentro, llegó a su casa. Su corazón latía tan rápido que pensaba que podrían oírlo.

Los vientos de la temporada de junio susurraron en su oído que podría amar a esta mujer toda su vida. Y así fue.

Llegó a la casa, tratando de calmarse, y tocó la puerta. Aunque estaba abierta—ya que era costumbre en ese entonces dejar las puertas abiertas—se entendía que, si el visitante no era conocido, debía tocar y esperar a ser recibido.

El empleado de la casa lo saludó con admiración (estaba muy elegantemente vestido) y le preguntó qué quería. Don Marcos respondió preguntando: "¿Es aquí donde vive una preciosa muchacha a quien tuve la fortuna de conocer el domingo por la tarde en el parque 'Rafael Uribe'?" El empleado lo confirmó, pero añadió que la señorita Carmen no estaba en casa.

Don Marcos le rogó que aceptara un ramo de rosas rojas y una tarjeta con una nota escrita a mano que decía: "Marcos, tu admirador. Con todo respeto."

Se fue sintiéndose muy triste por no haber visto esos ojos nuevamente, que habían alterado su paz. Fue al café "Alhambra" en la Plaza Bolívar en busca de un amigo que lo distrajera de su curiosidad e impaciencia.

"Esa chica me tiene loco," le dijo a Pablo, quien lo acompañaba. En verdad, ella era una chica virgen, en el más amplio sentido de la palabra, como todas las jóvenes de la época, recién entrando en los dieciséis, la edad primordial de una mujer. Tenía una belleza rara y exótica.

El monito había encontrado a la mujer de sus sueños.

Estaba enamorado.

Una vez presentada a su familia, resolvió casarse con ella y fijó la fecha de la boda para el 16 de diciembre, el día en Colombia para la entrega de las primas de Navidad. Esto sería, para

Marcos, la mejor prima de Navidad que jamás habría recibido. Todo fue preparado según la tradición, y el Padre Londoño, quien conocía a los contrayentes con antelación, aceptó la fecha.

Los anuncios se hicieron durante la misa en la catedral de Armenia, en ese entonces, en el departamento de Caldas.

A unos seis meses del enamoramiento, la ceremonia de matrimonio se celebró con una casa llena, donde destacó la elegancia y belleza de los recién casados.

Estaban presentes los padres de la novia (Don Marcos estaba huérfano de padres; habían muerto cuando él tenía solo doce años, lo que por supuesto facilitó la decisión del matrimonio), junto con hermanos, tías, primos y otros familiares.

La fiesta fue sobria, pero no faltó nada.

La pareja fue la más elegante.

Después de la celebración, los recién casados se fueron de luna de miel a una finca ubicada en las afueras de Montenegro, un pueblo ubicado a cuatro horas en tren de Armenia. El lugar era un sueño con sus praderas, ríos y montañas.

Árboles frutales y amplias plantaciones de café caturro—los primeros cafetales plantados en la región como experimento— ofrecían tanto café de alta calidad como un hermoso espectáculo debido a la uniformidad de las plantas.

Una semana después, regresaron a Armenia para estar con su familia y esperar la Nochebuena, también llamada el aniversario del nacimiento de Jesús en Belén, así como el Año Nuevo.

La prima de Navidad que Don Marcos, el monito, tenía para su "adorada negra," como seguiría llamándola, era una hermosa casa.

Tenía pasillos interiores, un jardín con todo tipo de plantas florales, y estaba ubicada a solo cien metros del parque donde la había visto por primera vez.

Él la había construido para ella, solo para ella, porque, según él, cada uno de sus hijos haría su propia casa.

La construyó con amor, pero en su mente ya planeaba los destinos de sus hijos.

Un año después, se escuchó a Don Marcos decir en la misma iglesia donde el Padre Londoño había bendecido su matrimonio,

"Ponle Julio César," dijo al sacerdote.

Así se llamaría su primer hijo, de los once que su amada esposa le daría con amor.

Podrían haber evitado tenerlos, regalarlos (aquellos que los trataban suplicaron que los regalaran), o ignorarlos, pero eran católicos, apostólicos y romanos.

"Yo," dijo Don Marcos, "soy muy fuerte, y puedo soportarlos todos." Era cierto.

No solo Don Marcos nunca había mentido, sino que había sido enseñado a comprar canastas de comida, ya que era el único hombre en la casa de sus padres. Desde los quince años, había trabajado para mantener a sus seis hermanas. Y a pesar de estar casado, continuaba ayudándolas con todas sus necesidades materiales.

El primogénito les daría el mayor susto de sus vidas.

Pasaron cuatro días, con su familia y toda la ciudad de Armenia buscándolo por tierra, aire y mar—siguiendo el viejo dicho de buscar en todas partes. Por supuesto, no había mar, solo ríos limpios que fluían hacia abajo, desapareciendo sin dejar rastro.

La situación fue que, después de 72 horas, comenzaron a circular rumores de que Julio César debía estar muerto.

Era extraño que no hubiera aparecido ni hubiera noticias de su paradero. Lo único a su favor era que ya tenía 18 años, lo que le permitió dejar su hogar.

Más tarde explicaría esto, pero al quinto día, llegaron noticias de un pueblo llamado Génova—estaba allí, trabajando como asistente de sastre, esperando que la familia de una chica bonita le diera permiso para visitarla en su casa como novio.

El divino Julio César se había ido después de conocer a una joven que había encontrado por casualidad en una tienda de Armenia.

No queriendo perderla de vista, se inscribió como uno de los pasajeros del autobús que la llevaría a Génova.

Allí, llegó con la misma ropa que había estado usando y comenzó a trabajar para ganarse el favor de su familia, sin notificar a su madre y padre, quienes lo querían mucho.

El hijo mayor, el hijo querido, sin recordar su cuidado como objeto y olvidando las llaves de una casa que su padre tenía para él cuando cumpliera 21, dejó su hogar y todo atrás.

Claro, cuando cumplió los 21 años, regresó a casa, pero casado y con un precioso nieto para Doña Carmen y Don Marcos.

Estaban tan, tan felices con el hijo de su hijo que se olvidaron de darle la nalgada prometida en sus cartas, mucho tiempo después de su desaparición.

Con los años y la educación que recibió en su esfuerzo por aprender un oficio que le diera prestigio ante los padres de su hermosa y femenina Dalila, Julio César se convertiría en uno de los mejores sastres de Génova, Armenia, Cali y ciudades vecinas.

Diseñó trajes para los jueces y secretarios de justicia más conocidos de Cali, algunos años después, donde iría a vivir en busca de un mejor bienestar económico. Cinco de sus ocho hijos nacerían allí. Para Julio César, absolutamente nadie—después de Jesucristo, su amada Dalila y sus hijos y nietos—le importaba. Lo dejó saber muchas veces.

Habiendo sido uno de los peores hijos de Doña Carmen, fue un buen esposo y uno de los mejores padres que alguien podría tener. Esto no estaba en línea con la regla general de que "los buenos hijos son buenos padres."

Por otro lado, sus hijos fueron de los pocos que no causaron dolor ni ofensa a sus padres.

Cada uno de ellos viviría vidas familiares ejemplares y llegaría a amar a su padre y madre intensamente.

Un poco más de un año pasó, y nació el segundo en el rosario de hijos—como comúnmente se decía—del matrimonio de la familia Gómez.

"Ponle ADALBERTO," dijo Don Marcos secamente al sacerdote de turno, quien estaba bautizando ese domingo.

Era para un hermoso niño que, más tarde, a los 18 años, se convertiría en el hombre más guapo de la región. Tenía ojos verdes, cabello negro y ondulado como el de su madre, un cuerpo robusto, piel color perla y una voz elegante y fuerte.

Para complementar su apariencia, llevaba un sombrero al estilo Gardelian, que estaba de moda entre los jóvenes de la época, dada la fama que gozaba el cantante criollo Carlitos Gardel, el cantante de tango, cuyas melodías eran populares en los suburbios de los países del sur del continente americano y que habían adornado los salones más elegantes del mundo durante el siglo XX.

Sus padres lo amaron antes de que naciera.

Pero, a los 18 años, frecuentaba las zonas de tolerancia, donde se encontraban las mujeres más bellas y tiernas—esas a menudo etiquetadas como "prostitutas." Allí, conoció a la más hermosa de todas, una mujer llamada Nieves. De esta mujer, Adalberto se enamoró locamente, y no le importó que ella fuera prostituta.

Su amor por ella duraría toda su vida, al igual que el amor de su hermano por Dalila y el amor de su padre por su "negra."

Nunca la olvidó. En los últimos días de su vida, justo antes de fallecer, todavía la amaba y le enviaba dinero para ayudarla a mantenerse en su vejez.

Gracias a cierta información que logró obtener, pudo aprender su dirección, aún en Armenia, incluso después de 40 años de haberla conocido..

Los hijos de Doña Carmen crecieron, nacieron otros, y algunos trajeron nietos a la vida. En resumen, fueron una familia feliz.

Cada uno, al alcanzar los 21 años y convertirse en adulto (la costumbre era que los menores debían usar pantalones cortos—justo hasta las rodillas—y esperar hasta que llegaran a la mayoría de edad, lo que servía como un marcador para guiar a otros sobre quién se consideraba menor de edad), recibía de su padre, Don Marcos, la llave de su casa, construida por él y sus trabajadores, y luego, por toda la familia.

Cada uno de ellos tenía su propio espacio, separado de los demás.

Adalberto llegó a la casa y, sin previo aviso, presentó a su hijo de 3 años. Los abuelos nunca lo habían visto ni siquiera oído hablar de este nieto, que era un clon—el primer ser humano jamás clonado, en un momento en que nadie, ni siquiera los científicos, imaginaban que un animal pudiera ser clonado, mucho menos un humano.

Solo muchos años después, tal vez 39 años, la ciencia descubriría la posibilidad de clonar en humanos, gracias al estudio de las células, su núcleo y sus componentes, como el ADN (Ácido Ribonucleico).

"Increíble," dijo todo el que tuvo el placer de conocerlo.

Un niño prímula, no era perfecto, solo porque era hijo de una prostituta.

De hecho, nació de las relaciones amorosas de Adalberto y Nieves, dos seres que se amaban contra todos los prejuicios sociales, dentro de un país eminentemente católico, un pueblo de gente honorable, y una familia como la de Doña Carmen, con muchos valores morales.

Pero la felicidad que sentían al conocerlo y tenerlo era como haber tenido el mismo hijo dos veces, una fortuna que otros mortales carecían.

El niño, también llamado Adalberto, se quedó con ellos con planes para el futuro.

Sin embargo, cuando Adalberto (el hijo, no el nieto) se casó con Olga, Nieves demandó la custodia del niño, después de haber abandonado la prostitución.

Los nietos, como los hijos de Doña Carmen, eran obras de arte.

Don Marcos repitió la frase: "Ponle Argemiro," dijo al sacerdote.

El niño no lloró cuando recibió el agua bautismal.

Don Marcos dijo, frente al sacerdote y los acompañantes de la ceremonia, "Este es otro duro; tampoco lloró cuando entró en contacto con el agua." Se refería a ninguno de los tres nacidos antes, y luego, a los ocho que siguieron con intervalos de 11 meses (la diferencia de tiempo entre los nacimientos, ya que se respetaba la cuarentena en ese tiempo, y una madre solo podía dar a luz después de ese período, una regla llamada "dieta").

Sin este período, los hijos de Doña Carmen solo habrían tenido 9 meses y un día entre cada nacimiento.

Todos nacieron perfectos. Parecían estar hechos con un pincel, con amor, y no faltaba ni sobraba nada. Doña Carmen nunca dejó de agradecer al Corazón de Jesús. Él fue su guía y su consuelo, y al final, calmaría los dolores de cabeza que le causarían con el paso del tiempo.

Argemiro sería uno de esos que escribiría las páginas más importantes de la historia de la familia Gómez.

Entre la gente de la ciudad, Doña Carmen y sus hijos ya eran muy conocidos.

La asociación "San Vicente de Paúl" la tenía como miembro activo, colaborando en la solución de los problemas del grupo "Viudas con Dignidad," creado para contrarrestar los efectos de los problemas sociales causados por un "Club de Suicidas," que cada fin de semana dejaba a dos o tres damas viudas.

Esta situación obligó a movilizar a otras mujeres a su favor, porque la mayoría de ellas quedaba en absoluta miseria. Sus esposos, adictos al licor y los juegos de azar, se suicidaban después de perder todos sus bienes.

Para Doña Carmen, esto era muy fácil porque tenía una fuerte conexión con Jesucristo a través de la congregación de devotos del Corazón de Jesús, a quienes les hablaba sin rodeos.

Cuando pedía ayuda para las viudas, nadie se negaba a colaborar, porque ella decía, "Con ese compañero que tienes, ¿quién se atreve a decir que no?"

"Las necesidades de los demás no están sujetas a posponerse, no son para mañana, no son para después, son inmediatas," decía siempre Doña Carmen cuando alguien se negaba a colaborar.

La gente no podía entender cómo, criando tantos hijos, aún tenía tiempo para trabajar por los demás.

Todos los hijos de Doña Carmen eran muy alegres y amables.

Argemiro destacó entre los demás por su talento y simpatía. Muy temprano, mostró aptitudes para la actuación y el teatro. En la escuela, representó varios personajes durante el auge del teatro de William Shakespeare. Sus amigos lo llevaban a la calle (antes de cumplir los 21) y en su casa, le ponían pantalones largos para hacerlo pasar como adulto en lugares donde habría estado prohibido entrar.

Era, en efecto, un showman, como se les llama en inglés.

Así que llegaba a la casa de una familia muy distinguida en la ciudad con el apellido Ocampo. En esta casa, su amigo lo presentó a su novia.

Era una mujer hermosa, un poco más alta que él, de piel blanca, cabello negro largo, ojos negros, largas pestañas, boca llena con labios sensuales, nariz recta y un cuerpo escultórico sobre dos gruesas y largas piernas perfectas.

Era una de las mujeres más hermosas que vivía en un radio de 400 kilómetros alrededor.

Los colombianos suelen llevar a un amigo a la casa de la novia para presentarla, claro, cuando es hermosa. Así que, cuando Pedro, el novio de Nohelia, no pudo ir, le pidió el favor a Argemiro. Pasó el tiempo, y cuando Pedro fue solo, Nohelia estaba muy triste y le reclamó a su novio por la ausencia de Argemiro.

Poco después, le pidió a Pedro que no volviera, pues se había enamorado locamente de Argemiro.

A su pedido, ella se ató un moño en la cabeza, haciéndola parecer una dama de la aristocracia.

Era hija de un matrimonio respetable de Tebaida, un pueblo cerca de Armenia, "La Ciudad Milagro" de Colombia.

El día que cumplió 21 años, Argemiro formalizó con los padres de su novia la fecha de la boda, que se celebraría en los próximos tres meses.

Se casó, y como su padre, nueve meses después ya tenía su primogénito.

En la zona de tolerancia, donde Adalberto era el rey, y en las reuniones que se centraban en grandes temas filosóficos, religiosos y sexuales, se emborrachaba, tratando de resolver los problemas sentimentales de los demás.

Pero Argemiro no pudo resolver los suyos cuando los necesitaba. Entre ronda y ronda de tragos, consumió la anticipada herencia que su esposa Nohelia había recibido de sus padres.

Por otro lado, Argemiro también se fue a vivir a Buenaventura, una ciudad portuaria, con su esposa y sus dos primeros hijos.

Doña Carmen los crió, y se fueron justo cuando apenas habían crecido sus plumas, como ella solía decir con tristeza cuando se ponía melancólica.

"No importa, todos deben vivir su propia vida, y es mejor que se liberen rápido de las faldas de la madre," decía Don Marcos cuando ella se quejaba de ser abandonada.

De todas maneras, la casa del General nunca estaría vacía.

En los pasillos corrían tres encantadoras y angelicales niñas. La mayor de las hijas se llamaba Lucila, seguida por Luzmila y Miryam. Cada una era diferente de las otras, tanto en rasgos físicos como en carácter natural. La primera era pálida, alta, con cabello castaño, grandes ojos color avellana y rasgos bien definidos. Su cuerpo era esbelto.

Luzmila se parecía más a una ninfa alemana o sueca que a una colombiana, rubia con ojos azules, rostro redondo, y piel porcelanosa rosada. Su cuerpo era rechoncho y pequeño, ligera en su caminar y en sus pensamientos. Por eso se dio, antes del matrimonio, al único amor de su larga vida.

Ella sería la primera mujer de esa época en causar el mayor escándalo entre los habitantes de la ciudad, que para entonces, ya dejaba de ser un pueblo de amor y paz.

Luego llegó Miryam, "la flaca," como la apodaron, y de hecho, lo era. Pero tenía algo muy original en ella—hacía las cosas sin que la notaran. Tenía el silencio de los sepulcros y más variedad que un cementerio.

Su cabello negro, sus ojos negros, su piel muy blanca, y su cuerpo ágil, con la voz de un ruiseñor. Y cuando hablaba, cantaba..

La alegría y la armonía ya se habían convertido en permanentes en la casa de los Gómez. Algunos se fueron, y otros llegaron—hijos, nietos—la familia seguía creciendo.

De repente, sin que nadie lo hubiera imaginado, ocurrió algo muy grave.

Doña Carmen tenía la costumbre, desde la semana después de su matrimonio, de cortar el cabello a Don Marcos—entre muchos otros gestos para mostrarle su amor, sumisión y cuidado. Pero una mañana de domingo, mientras lo peinaba después de terminar el corte, encontró un huevo de liendre, llamado liendre (un término de Cervantes, en lugar del usual "liendro").

No pudiendo controlar la furia y el temblor de su cuerpo entero, se lo mostró al monito, casi metiéndole el huevo en los ojos y dándole una bofetada en la cara con la otra mano.

Lo acusó de tener otra mujer y le exigió que le dijera su nombre.

"Esa mujer tan sucia debe tener algo muy íntimo con usted, señor," dijo, elevando el tono de su voz africana, aún clara, y exigió que confesara qué tipo de relación había mantenido y con quién..

El monito no entendió nada en absoluto; todo le parecía un vocabulario extraño, y se quedó en silencio. Se levantó de la silla donde había estado sentado y salió a la calle para evitar responder al golpe que le había dado. "Mejor así," les diría más tarde a una de sus hermanas cuando relataba lo sucedido con su amada mujer negra.

Nunca antes la había visto en tal estado de furia celosa.

Doña Carmen, aferrándose a sus hijas, pasó toda la semana llorando hasta que la ceguera pasó. Al ver la imagen del Sagrado Corazón de Jesús, pidió Su consejo.

Luego fue a la iglesia y confesó todo en confesión sagrada al Padre Londoño, el párroco de la catedral.

El sacerdote se levantó y le asignó la penitencia:

"Vuelve a tu casa y busca piojos en tu propia cabeza. Cuando los encuentres, ve a la casa de las hermanas del Monito y pídeles perdón."

Las hijas encontraron seis piojos y más de ocho liendres en ella, y Luzmilita también tenía piojos y liendres. Resultó que la elegante y orgullosa Doña Carmen era la que estaba infestada de piojos, junto con su niña más hermosa.

Había sido infectada en la escuela.

Envió el mensaje a través de sus otras dos hijas para que su amado Monito regresara a casa, porque estaba demasiado avergonzada para hacerlo ella misma frente a sus cuñadas.

Don Marcos regresó a casa, y la felicidad reinó nuevamente en el hogar.

Se podía sentir un ambiente de paz, y Don Marcos no tenía reproches, para no arruinar las solicitudes de perdón de su amada mujer negra.

"Realmente no sé por qué actué tan precipitadamente y te acusé de ser infiel," admitió ella.

La fidelidad de Don Marcos era algo que se podía garantizar.

Trabajaba desde el amanecer hasta el atardecer, y su labor era tan dura que, tan pronto como llegaba a casa, se sentaba en su silla mecedora y se quedaba dormido hasta la cena.

Después, tomaba una taza y luego se dormía en la cama.

Entonces, ¿realmente tenía suficientes relaciones románticas para engendrar tantos hijos? Nadie lo sabía; tenía tanta discreción y modestia que parecía que la embarazaba solo con sus besos.

Doña Carmen era muy fértil, y nueve meses después del regreso de Don Marcos, le dijo al sacerdote:

"Ponle Gustavo, Padre."

Se estaban haciendo los preparativos para la primera comunión de Miryam y Gustavo—como siempre, dos por ceremonia—cuando ocurrió el peor giro del destino.

La gran crisis de 1930 estalló en la ciudad.

De hecho, debido a la devaluación provocada por los Estados Unidos en su moneda, el efecto dominó tumbó todas las demás economías del mundo.

Y en esa pequeña ciudad de poco más de 80,000 habitantes, ubicada en las laderas de la Cordillera Central que atraviesa Colombia de sur a norte, Don Marcos quedó en la quiebra.

Los contratos de construcción que estaba llevando a cabo no contenían la cláusula especial para casos de devaluación del peso colombiano provocada por naciones extranjeras.

En respuesta a su honestidad y compromiso, tuvo que vender las tres casas que poseía a nombre de sus hijos mayores—por supuesto, con sus firmas—para completar los contratos.

Cuando uno de sus capataces sugirió respetuosamente que no los cumpliera, Don Marcos respondió:

"Preferiría arruinarme que pisotear mi honor."

Esta decisión se convertiría en su carta de presentación en el futuro.

Después de cuatro años, Don Marcos logró recomprar sus casas, con solo una leve diferencia en los precios.

Los contratos se le escaparon de las manos, al igual que el maná se le escapaba a la gente esclavizada de Israel en el desierto.

La ciudad seguía avanzando. Las tiendas eran frecuentadas por las señoras, y los caballeros podían volver a verse en clubes y cafés.

En casa, la prosperidad era evidente. Parecía como si el dinero cayera del techo (el techo interior de las habitaciones).

Era algo como el milagro de Moisés sacando agua de las rocas.

Nunca antes había habido tanto dinero como ahora—debajo de las almohadas o los colchones.

Así que Lucila, la mayor, comenzó a hablar sobre comprar un coche para llevar a sus hermanos pequeños a la escuela.

Y de hecho, se compró un hermoso automóvil nuevo de la compañía Chrysler—no porque fuera el mejor, sino porque era el único que podía importarse en ese momento.

Pero la buena fe y la reputación de Don Marcos se habían visto comprometidas.

Cuando Don Marcos le preguntó a su mujer negra de dónde venía todo ese dinero, ella le dijo que, gracias a la confianza que la gente tenía en él y su familia, les habían dado la custodia de los premios de la lotería que Don Ernesto Correa, el vecino de enfrente, había recibido.

"Don Ernesto," dijo Doña Carmen, "no quiere que su familia lo sepa. Además, nos autorizó a gastar lo que necesitemos. En un gesto de cariño y amistad, nos dejó ese dinero para que lo cuidáramos."

"Bueno," dijo Don Marcos, "pero ¿por qué no me lo discutió a mí?"

"Bueno," respondió Doña Carmen, "pensó que, como eres tan particular, no lo aceptarías."

Don Marcos simplemente hizo un gesto de aprobación con la cabeza, agregando un "aja" en voz baja..

Lucila aprovechó la situación para pedirle a Don Marcos que le permitiera trabajar para Don Ernesto, justo enfrente de la casa, porque habían comprado una máquina de impresión de revistas.

Don Marcos nunca aprobó que sus hijas trabajaran, pero como un gesto de gratitud hacia Don Ernesto, y porque era un trabajo tan cerca de su casa, aceptó.

La máquina era tan antigua que podría haber sido la misma que se utilizó para la impresión de los "Derechos del Hombre" de Don Antonio Nariño, uno de los precursores más importantes de la Patria Colombiana.

La marca ya había sido borrada, posiblemente para evitar su identificación, pero era de las mejores que se fabricaban en Alemania, en la época en que la industria fabricaba máquinas de verdad. El caso es que, entre revista y revista, se imprimían billetes de 100 pesos colombianos—tan perfectos como los hechos en dólares por los colombianos, 20 años después.

Si Don Ernesto hubiera sabido esto, nunca habría muerto.

Este dinero pasó de ser falso a genuino.

El diez por ciento de los montos circulaba por la casa de Don Marcos, conocida como la "Lotería."

El coche que Lucilita compró llevaba en su maletero maletas llenas de dinero falso, que, después de dejar a las niñas en la escuela, sería transbordado al taxi conducido por Adalberto, antes de que se fuera a vivir a la Sultana del Valle.

Adalberto, en compañía de un amigo, viajaba durante las horas nocturnas a Pereira, la famosa "Perla del Otún," donde nació un presidente colombiano, César Gaviria, quien más tarde sería presidente de la OEA.

Pereira, Colombia, en los años 80 y 90, era muy parecida a Hialeah, Florida, en los Estados Unidos.

En esta "perla," debido a su ubicación estratégica como punto de entrada y salida—hacia el norte hacia Medellín y Manizales, hacia el oeste a Cali y Cartago, y hacia el este a Bogotá, Ibagué y Armenia—convergían los hombres más respetables del inframundo criollo.

Allí se realizaba la venta de los billetes falsificados.

Este influjo de dinero en la casa de Don Marcos fue lo que Doña Carmen se refería como "La Lotería" que Don Ernesto había ganado.

Cada sábado, Don Marcos llegaba a las 9 p.m., después de haber compartido cervezas con sus trabajadores y oficiales.

Esos momentos se usaban para discutir los errores, la calidad de los materiales y los chismes familiares—temas de los que Don Marcos siempre se mantenía distante.

Se iba una vez que sus empleados comenzaban a hablar sobre tales asuntos.

Pero una noche, Don Marcos llegó una hora antes, a las 8 p.m., lo cual no fue contado por Don Ernesto, quien ya estaba acostumbrado a cargar un taxi con maletas cada sábado antes de que Don Marcos llegara.

El conductor de taxi que trajo a Don Marcos era amigo del otro conductor, y cuando se encontraron, se saludaron.

Don Marcos, fingiendo estar dormido, escuchó su conversación y se enteró de que cada sábado, recogían algunas maletas para llevarlas a Pereira. Este coche público era diferente al que conducía su hijo Adalberto, quien se convirtió en conductor de coche público solo para acercarse a la zona de Tolerancia, donde podía encontrarse con su amada Nieves, la prostituta más hermosa de la tierra..

Don Marcos entró en su casa, llamó a su esposa, Doña Carmen, después de meterse en la cama, y compartió lo que había escuchado. Luego le pidió que le explicara en detalle por qué ocurrían esos extraños movimientos y por qué, cada sábado a la misma hora, se recogían dos maletas de la casa de Don Ernesto, sabiendo que su vecino nunca viajaba ni salía de su casa.

Doña Carmen, que había estado esperando tanto tiempo para contarle a su Monito lo que había estado sucediendo, aprovechó la oportunidad.

Así, la era de bonanza de la familia Gómez llegó a su fin.

Lucila ya no pudo seguir en ese trabajo, porque esa misma noche, Don Marcos reunió a toda su familia y les prohibió salir a la calle, excepto para ir al colegio o en su compañía a otro lugar.

Esa misma noche, Don Ernesto supo que Don Marcos sabía sobre los billetes falsificados, y en otro taxi que llegó a medianoche, se fue con maletas y familia a un lugar desconocido por 20 años. Esto solo se descubriría por casualidad cuando la esposa de Don Ernesto entró a la "Farmacia San Antonio" en la Ciudad Señora, Colombia, donde terminaron después de huir prácticamente de Armenia.

Doña Carmen le prometió a Don Marcos confesarle a él frente a todos sus hijos durante la misa de la mañana siguiente, el primer domingo de Cuaresma.

En el camino, Doña Carmen se arrepintió, invocando el corazón de Jesús. Sin embargo, no confesó el negocio de los billetes falsificados porque temía que, siendo un crimen grave contra el estado, el sacerdote podría reportarlos a las autoridades. Sabía, como devota de la congregación del Sagrado Corazón de Jesús, que los sacerdotes a menudo dicen más de lo que Jesús realmente dijo en el Monte de los Olivos.

En medio de esta bonanza, también nacieron Jaime, Marco Aurelio y Lilia.

Eran hijos perfectos. Una de las grandes virtudes de todos los hijos de Doña Carmen era la manera en que cada uno se adaptaba al carácter de los demás. Nunca se les veía en disputas o problemas por nada. Nunca ninguno de ellos iba a quejarse con su madre o su padre. Tenían una forma única de entenderse a través del amor mutuo.

Esto no era difícil, porque desde sus primeros días de vida, vieron cómo sus padres se amaban y demostraban ese amor de todas las maneras posibles.

Además, sus padres tuvieron una idea brillante desde el primer hijo en adelante: comprar sus juguetes, sus objetos de uso (como triciclos, por ejemplo) y su ropa, pero para que el siguiente hijo los heredara, y así sucesivamente. Por supuesto, en el caso de las niñas, sus pertenencias solo serían pasadas entre ellas. De esta forma, cada uno sabía quién fue el dueño anterior, lo que facilitaba hacer concesiones cuando era necesario.

La armonía en el hogar era algo que los vecinos envidiaban.

Los domingos, Don Marcos ordenaba a toda la familia que se preparara para una salida al campo, generalmente al río o a un rancho en el camino que conectaba Armenia con el pueblo de Calarcá. "Somos tantos", decía Don Marcos, "que no es necesario invitar a los vecinos ni amigos," Sin embargo, siempre se colaba uno de los amigos.

La paz, la felicidad y el bienestar estaban presentes en la casa de los Gómez.

Pero, como en el cuento de Caperucita Roja, un lobo puede aparecer en cualquier lugar.

Recientemente, una familia se había mudado de un lugar desconocido para ocupar la casa que los Correas habían dejado, donde, tiempo atrás, había existido la famosa máquina para hacer billetes falsificados como si fueran genuinos.

El lobo fue atraído por los movimientos de conejo de la hermosa rubia de ojos azules, Luzmila.

Después de algunos saludos, cumplidos y galanterías a distancia—porque, para llegar a la casa de Don Marcos con intenciones de novio, se necesitaban muy buenos padrinos—el lobo, con cara de caballero, le envió una nota que decía:

"Distinguida joven, Permítame invitarla a venir a mi casa esta tarde a las 3; la puerta estará abierta. La esperaré para contarle cuánto amor he estado sintiendo por usted, su gracia, desde que tuve la fortuna de verla. Con respeto y admiración, Rugo." (El lobo no firmó, solo escribió su nombre).

Luzmila no pudo leer la nota, que estaba escrita en papel fino, porque sus manos, piernas y todo su ser temblaban. Escondió la nota en su regazo, segura de que nadie la descubriría, y se quedó sentada esperando recuperar el aliento. Se había fascinado con el vecino desde el primer día que lo vio, pero no había pensado en nada serio, ya que recordaba las instrucciones de su padre. Lucila, su hermana, había sufrido intensamente por el amor de un hombre que nunca pudo visitarla porque Don Marcos lo mantenía alejado de la casa bajo amenaza.

Luego, el miedo la convirtió en presa. Por un lado, la oportunidad de tener a Rugo cerca, y por qué no, besarle; por el otro, el terror de que su padre descubriera la nota. El miedo fue tan intenso que se enfermó. Se fue a la cama con fiebre ligera y se quedó descansando el resto del día. Se comió la nota.

Al día siguiente, una hermana de 6 años de Rugo entregó otra nota que decía:

"Te espero en el mismo lugar hoy y todos los días, hasta siempre. Rugo."

Nadie sabe cómo ni a qué hora Luzmila terminó en la casa del lobo. Allí, el hombre la esperaba. Ella empujó suavemente la puerta, que estaba abierta, metió la cabeza y luego entró. En ese instante, Rugo apareció y la tomó de la mano. Luzmila sintió como si se derritiera o estuviera a punto de caer al suelo. El hombre le dijo a su hermana pequeña que fuera a la tienda o almacén de Don Nicolás a comprar algunas bebidas para brindar por la señorita Luzmila. La tienda más cercana estaba a 10 cuadras.

Rugo comenzó diciéndole que no podía soportar más esta situación y que necesitaba tenerla cerca. Luzmila notó que la niña había dejado la puerta abierta. Sin pensar, corrió y casi se cayó al suelo. Cruzó la calle y se dirigió directamente a su casa.

Nadie más vio lo que sucedió porque Doña Carmen estaba atendiendo a unos amigos para desarrollar planes para la asociación San Vicente de Paúl. La última nota permaneció en la casa de Rugo, y él la recogió cuando la hermosa rubia la dejó caer, cerró la puerta de un golpe y luego, con el puño apretado, golpeó la pared, hundiendo su brazo en el estuco.

Solo pasaron cuatro semanas, pero fue suficiente para que la hija pelirroja de Doña Carmen perdiera su miedo.

Había estado recibiendo las notas a través de la hermana de Rugo, y ya se habían hecho amigas. Logró que sus padres le permitieran cruzar la calle para llegar a la guarida del lobo, y ellos no sospechaban nada. A su vez, Melba visitaba a Luzmila en su casa. Un día, después de que Melba arregló una cita con Rugo bajo la excusa de ser algo casual, él apareció y, con toda la humildad posible, le pidió disculpas por el acoso que le había causado. Prometió no volver a molestarla y añadió que ya tenía novia.

"¿Cómo, ya tienes novia?" le preguntó Luzmila, dejándole notar la tristeza en su voz. A lo que él respondió:

"Bueno, no exactamente. La única que realmente quiero que sea mi novia eres tú."

En ese instante, se acercó a ella, mirándola fijamente a los ojos, y buscó sus labios con ansias. Ella cerró los ojos y abrió la boca para sentirlo. El beso realmente la derritió; sintió su cuerpo licuarse, una mezcla de miel con manchas blancas de pureza, amor e inocencia.

Solo pasaron minutos—quizá 15—y cuando volvió a ser la niña de la familia Gómez, se recuperó y regresó a su cuerpo, ahora el de una mujer. Mirando alrededor como si no reconociera el lugar, preguntó por Melba, casi gritando, pero nadie respondió.

No había nadie más en casa, solo ellos dos. Se fue sin decir adiós y, caminando lentamente, llegó a su casa. Por casualidad, Anatulia, la chica que había estado al servicio de la familia durante 20 años, estaba allí. Sospechó que algo había ocurrido, pero, con el respeto que tenía por todos, no le preguntó a Luzmila qué había sucedido.

Capítulo 2
Amor y Pérdida

Luzmila estaba muy alegre. Siempre miraba por la ventana, cantaba al viento y saludaba a cada persona que pasaba, incluso si nunca las había visto antes. De todos los hijos de Doña Carmen, ella era la más habladora y espontánea. Su sonrisa era sonora y mostraba un interés natural por la gente y las cosas. Pero desde que el lobo le hundió los dientes, ya no era ella misma, lo que hizo que su madre hablara con ella con mucho cariño y ansiedad, tratando de entender qué la afligía, además de su prolongado período menstrual.

Finalmente, un domingo, antes de salir para la misa, ella le confesó a su madre lo que había hecho, y Doña Carmen inmediatamente se lo contó a Don Marcos. Ese día, sería el único domingo en que ninguno de los miembros de la familia más apreciada de toda la ciudad llegaría a la catedral de la ciudad para asistir a la ceremonia de la Santa Misa, como siempre lo hacían. ¿Cuál sería la sorpresa del Padre Londoño cuando, al final de la celebración, ordenó al monaguillo que fuera inmediatamente a la casa de los Gómez para averiguar las razones de su ausencia?

Don Marcos se levantó temprano y fue a la estación de policía para denunciar al canalla, y tampoco pudo llegar a su lugar de trabajo. Le ofrecieron dos policías, y junto con su hijo

Adalberto, quien llegó al mediodía de Cali, donde ya trabajaba para la policía secreta (F-2), salieron en busca de Rugo. Antes de que Don Marcos ordenara que nadie saliera de la casa, ni siquiera los niños más pequeños que asistían a la escuela.

La casa, antes conocida por sus puertas abiertas y su jardín floreado, la casa de la familia más querida, ya nunca se volvió a ver abierta. Se convirtió en una casa fantasma. Solo dos personas salían, completamente cubiertas, con sombreros y gafas oscuras, para que nadie pudiera reconocerlas. Era Don Marcos y su hijo, que salían todos los días al amanecer y regresaban por la noche en busca de Rugo, quien había desaparecido como por arte de magia. Ya había pasado un tiempo considerable—lo que antes eran horas ahora parecían días, y los días como meses.

El jefe de policía recomendó cambiar de táctica:

"Salgan a buscarlo por la noche, y monten guardia en las esquinas opuestas de su casa."

Así lo hicieron, y dos días después lo vieron llegar a las 5 de la mañana hacia su casa, llevando un paquete de lo que luego se supo que era su ropa sucia. Sin resistirse, pero apuntado con una pistola en cada costado, fue llevado ante las autoridades.

Frente al inspector de turno, firmó un documento de compromiso matrimonial para evitar juicio, escándalo, una pena de seis a doce años de prisión y la pérdida de sus derechos civiles. Le fue muy bien, porque, además de todas las ventajas que logró, ¡SALVÓ SU VIDA!, como le contó más tarde Adalberto, el hijo de Don Marcos.

Adalberto ya había recibido varios reconocimientos del gobierno del Valle por sus servicios a la comunidad..

La ceremonia de matrimonio se celebró en una iglesia en las afueras de la ciudad para evitar más escándalos. El sacerdote, después de una considerable ofrenda para la "Sagrada Familia," logró entender el difícil caso y celebró el matrimonio sin las habituales admoniciones dominicales. Muy pocos familiares asistieron, y ninguno de la parte del novio, ya que consideraban la unión como forzada. Los padrinos fueron Smith & Wesson, calibre .38.

Doña Carmen y Don Marcos creyeron que el matrimonio de su hija de 15 años sería la solución a su dolor, pero no fue así.

La sombra del pecado creció en el corazón de Doña Carmen cada día. Ella decía que su casa se había vuelto más aterradora, más oscura. "El error de esa mujer," decía, "nos ha llevado a las puertas del infierno."

Don Marcos también desahogó sus frustraciones una noche después de regresar de buscar al lobo:

"Si hubiera sabido antes lo que esa hija tuya—" (siempre se refería a ella como "nuestra" o "mi" hija) "—tenía en mente,

¡hubiera preferido hacer con ella lo que hicieron con Juana de Arco!"

"Dios te guarde," respondió Doña Carmen.

Otros eventos seguirían que terminarían con la felicidad en su hogar.

Berni ya tenía siete años. Hace dos semanas, había recibido su Primera Comunión, junto a su hermana Lilia, la última en cumplir con este mandato de la iglesia. Doña Carmen siempre decía: "Primero cumple con Dios, luego con aquellos a quienes debes."

El pequeño, como lo llamaban (era el más joven de los hijos), terminó su tarea para la escuela Policarpa Salavarrieta alrededor de las 4 de la tarde, luego salió en busca de sus amigos para jugar. Más de seis chicos se reunieron y decidieron ir a un sitio de construcción cercano, donde, como explicó Berni, había muchos obstáculos para que ellos jugasen. "¡Sí!" gritaron los demás, todos de alrededor de ocho años.

Allí, colocaron un carretón—uno usado para transportar materiales—10 metros de distancia (alrededor de 30 pies), y en fila, corrieron uno detrás del otro. El primer niño saltó, poniendo ambas manos sobre el carretón, y voló por el aire, aterrizando sobre sus pies. Fue difícil, pero eso lo hizo aún más atractivo para ellos.

Berni, en un desafortunado cálculo erróneo, se acercó demasiado al niño que tenía delante, y con los talones del niño adelante, recibió un golpe agudo y preciso en la parte inferior de su mandíbula, elevándolo por los aires antes de que cayera al suelo inconsciente. El impacto le arrancó los dientes, los cuales había adquirido con mucho orgullo hacía poco; eran sus dientes permanentes..

Además, el golpe casi le corta la lengua.

Los compañeros de la aventura lo levantaron del suelo y lo colocaron en el mismo carretón, corriendo con él de regreso a la casa. El pequeño estaba sangrando profusamente, como un toro en la arena.

La gente corría de un lado a otro, sin saber qué había sucedido, algunos gritaban, otros lloraban.

Cuando llegaron a la casa de Doña Carmen, ya había dos coches listos.

Eligieron un taxi por vergüenza con el Sr. Santacoloma, ya que era evidente que las manchas de sangre arruinarían los asientos del coche.

Llegaron al Hospital San José, y entrando por la sección de urgencias, lo acostaron en una camilla. Inmediatamente, los médicos de turno lo trasladaron a la sala de operaciones. El pequeño había recobrado el conocimiento en el coche, pero aún no podía hablar ni moverse; había perdido tanta sangre.

La inflamación visible impediría la operación, y necesitaban los resultados del laboratorio para determinar su tipo de sangre. Mientras tanto, la gente se aglomeraba afuera del hospital, y los familiares de Berni caminaban ansiosamente por los pasillos de la sección de urgencias.

Don Marcos se unió a la familia y, abrazando a Doña Carmen, intentó consolarla—el mismo consuelo que él necesitaba pero disfrazado de fuerza..

El médico y el técnico de laboratorio se acercaron a los padres del pequeño y les dijeron gravemente:

"Solo un milagro puede salvar a su hijo. El pequeño tiene Hemofilia tipo A (la más grave). La muestra de sangre tomada de su vena aún no se ha coagulado, y ya han pasado más de 18 minutos desde que fue tomada."

"¿Qué es eso?" dijeron los padres de Berni al unísono, antes de romper a llorar. Los médicos, enfermeras y otros familiares que esperaban también rompieron a llorar. El caos fue abrumador.

Un poco después, los médicos explicaron que la hemofilia era una enfermedad hereditaria causada por la falta de coagulantes. Hay tres tipos: A, B y el trastorno sanguíneo.

"Desafortunadamente, no podemos hacer nada para salvar al niño. Solo Dios puede salvarlo."

Doña Carmen y Don Marcos, abrazados por los otros hijos y familiares, se ahogaban en sus lágrimas.

Berni fue trasladado a la unidad de cuidados intensivos, y los médicos autorizaron que solo una persona se quedara a su lado. Doña Carmen permaneció, y los médicos se retiraron, ofreciendo una reunión al día siguiente a las 7 a.m. La madre no dejó el lado de su hijo y pasó toda la noche con la mirada fija en su rostro.

El pequeño, que alguna vez había parecido un niño angelical—mucho como el niño Jesús en el Nacimiento cuando nació esa noche del 23—ahora parecía un pequeño monstruo. Estaba completamente hinchado, sus ojos ya no se veían, y su boca ocupaba la mitad de su rostro.

Pero Doña Carmen permaneció allí, esperando solo que las puertas de la capilla del hospital se abrieran, para poder ir a rezar al Corazón de Jesús, con quien estaba "íntima," como ella decía, para amenazar a aquellos que no ayudaran a la causa de las "Viudas Abandonadas.,"

A las 6 a.m., las puertas se abrieron, y con el sonido de las campanas, supo que podría llegar a los pies del Todopoderoso.

Doña Carmen estaba rezando frente a la imagen del Corazón de Jesús, que siempre mantenía en su habitación. Con la devoción de la más verdadera creyente, dijo:

"Mi Señor, Padre, Tú que tienes el poder de dar vida a los muertos y salud a los enfermos, te ruego que tengas misericordia de mí, salvando a mi hijo. Si mi hijo muere, aunque sea Tu voluntad, no podría soportar tal dolor y sufrimiento. La Biblia dice que la muerte es el pago por el pecado. Ofrezco mi vida a cambio de la de mi hijo. Él no ha cometido ningún pecado, y si es por el pecado original, ya lo borramos de su alma con el bautismo al nacer."

Muchos años después, cuando su hijo, ya salvado por el amor de Jesucristo y la fe de Doña Carmen, había leído la Biblia, el Corán y todo lo escrito sobre Dios, le explicó a su madre, cuando discutían sobre el milagro que ocurrió con Berni. Él dijo:

"Mamá, vive tranquila, porque no existe tal castigo de Dios para los pecadores, como la mayoría de la gente cree. Cuando llegues a comprender la realidad de la vida y muerte de Jesús, hijo de María y del Espíritu Santo, como está escrito en el Nuevo Testamento, verás por ti misma que de esos escritos está claro que no hay castigo, lenguas de fuego, infierno, purgatorio, o los otros eventos futuros de los que habla el Antiguo Testamento. Lo que debes hacer es separar lo que habría sucedido antes de Jesucristo y lo que realmente sucederá después de Él."

Los médicos del hospital indicaron a la familia que se sometiera a un examen de laboratorio completo para determinar los tipos de sangre, coagulación, sangrado y todos los resultados relacionados. El hematólogo les dijo a los padres y hermanos del joven paciente a la mañana siguiente que los exámenes realizados revelarían su linaje, ya que la hemofilia se heredaba de las familias reales. "No es sorprendente que tengan sangre azul de reyes y príncipes." Al escuchar esto, Doña Carmen, que moría de dolor, ajustó su corsé, subió su vestido por la cintura y se peinó con las manos.

Los resultados efectivamente mostraron que todos los hombres eran hemofílicos de tipo A, RH A+. Heredaron esto de la línea materna, la herencia de reyes y zares, una vez en Rusia, donde Alexis, el hijo del zar Nicolás II, fue conocido como el primer niño frágil debido a sus hemorragias constantes, que se mejoraban temporalmente gracias a Rasputín, el "Monje Loco" de la Literatura Universal.

Una enfermera sacó a Doña Carmen de su trance para decirle que los médicos estaban esperando para ver a su hijo. En la habitación había más de cinco especialistas, incluidos traumatólogos, hematólogos, cirujanos, dentistas y anestesiólogos. El jefe del equipo le dijo a Doña Carmen que lamentaban no poder hacer nada por el niño.

"Su hemofilia no permite ninguna intervención. Ni siquiera podemos tocarlo. El banco de sangre no tiene plasma, y la sangre que podría ser transfundida se convierte en anticoagulante. El factor para detener el sangrado no ha sido descubierto. Lo vamos a dejar en cuidados intensivos para observar sus reacciones. Pero repetimos, solo un milagro puede salvarlo. Lo sentimos mucho."

Doña Carmen no pudo ni siquiera ofrecer su agradecimiento; estaba desconsolada. Los médicos se fueron, y ella se arrodilló junto a su hijo. Como una loca, corrió hacia la calle, tomó un coche de servicio público y se dirigió de regreso a su casa. Entró, no dijo nada a nadie, tomó una imagen del Sagrado Corazón de Jesús de la pared del salón y volvió a subirse al vehículo, regresando al hospital.

Cuando llegó al lado de su hijo, se petrificó. Él parecía estar sin vida. Hijo de Doña Carmen y Don Marcos, el último y más hermoso niño nacido en los tiempos recientes, yacía allí como muerto, pero estaba en coma. Para cualquiera que no fuera un médico, podría haber parecido fallecido. Doña Carmen se arrodilló junto a su cama, colocó la imagen del Señor sobre su pecho y, con toda calma, oró nuevamente al Sagrado Corazón de Jesús, pidiéndole que lo salvara y lo trajera de vuelta a la vida.

"Tú puedes, Señor, y no me digas que no puedes."

Un rato después, susurró al niño: "Hijo, el Señor es el único que puede salvarte y devolverte la vida. Si aún me puedes oír, pídele que te conceda el don de la vida. Te amo, y no puedo soportar que te vayas."

Se quedó dormida tal como estaba, porque no había dormido la noche anterior.

Una hora después, la enfermera de turno la ayudó a sentarse y la colocó en la silla de visitas, pero ella permaneció despierta, llorando sin cesar.

El niño, en un débil movimiento, tocó la imagen del Sagrado Corazón con su dedo, aunque ni la enfermera ni Doña Carmen se dieron cuenta. Comenzó a hablar sin palabras:

"Pequeño Dios, sé que voy a morir, pero no sé cómo morir. Mi mamá quiere que te ore, y no sé cómo orar. Mi mamá me enseñó el Padre Nuestro, pero lo olvidé porque estaba jugando. Recuerdo algo, sí, déjame ver: Padre Nuestro que estás en los cielos, sacrificado por todos nosotros. Ojalá mis juguetes vayan a mis hermanitos, pero si no muero... uff, qué problema, no tendré nada con qué jugar."

Mientras el niño pensaba esto, su pulso comenzó a disminuir nuevamente y su respiración se volvió más superficial. Los dispositivos de monitoreo mostraban que su vida se desvanecía a través de los cables que lo conectaban con lo desconocido, más allá de la existencia.

Doña Carmen estaba rígida, aferrada a su silla, pensando que ya se había rendido al destino, creyendo que Dios la estaba castigando por haber tomado a su hijo Argemiro cuando estaba a punto de ser ordenado sacerdote en el convento jesuita en la ciudad santa de Popayán, en el departamento del Cauca, en el centro del país.

Esto había sucedido solo dos años antes. El mayor escándalo que jamás haya sucedido en la hermosa, colonial y pacífica Popayán, justo en el asiento del lugar más sagrado, el convento de los sacerdotes jesuitas de Colombia.

De hecho, Doña Carmen y su séquito habían sido las protagonistas del acto más vergonzoso jamás registrado. Este lugar, después de Jerusalén, es el único donde es más fácil encontrar a Jesús. Aquí parece que Él puede ser visto en todas partes, y cuando se tiene fe profunda, parece que puede ser visto tanto espiritualmente como físicamente. Los conventos y seminarios más antiguos están aquí, construidos en los siglos XIV, XV y XVI, antes que los monumentos y catedrales.

Nunca se supo quién susurró al oído de Don Marcos que su hijo Argemiro sería transferido al convento de los hermanos Maricas, y esto lo llenó de ira.

Según él, sus hijos eran muy masculinos, y prefería sacarlo del convento antes que verlo convertido en uno de esos "caballeros elegantes." Con su esposa y acompañado de 10 personas de la ciudad de Milagro, incluido un sacerdote, un juez juvenil y un rico empresario, salieron una mañana de primavera en un autoferro (un pequeño tren) de los Ferrocarriles del Oeste, que cambiaba de vehículos en la Sultana del Valle, para llegar a la futura capital del Cauca por la tarde, antes conocida como el estado de Chibcha..

En el convento, no se pudo hacer nada diplomáticamente para lograr el regreso de su hijo. Lo buscaron en todos los rincones del establecimiento, pero no apareció. En connivencia con los directores y estudiantes, y en abierta desobediencia, el joven no se presentó ante la oficina del rector, sus padres ni el séquito.

Como el joven era menor de edad, los padres tenían plena autoridad, poder y control sobre un estudiante tan inteligente, admirado, respetado y avanzado. La respetable fundación del mundo católico había puesto sus ojos en este joven y tenía planes de convertirlo no solo en sacerdote, sino también en un distinguido profesor de filosofía dogmática, religión y ciencias sociales.

En otras palabras, lo convertirían en un diamante en bruto, preparado para ser el mejor papa, y quizás el mejor, porque, sin duda, realizaría milagros, ya que nació en la ciudad milagrosa de Armenia. Milagros físicos, a diferencia de los de los papas y santos anteriores como Juan XXIII y Juan Pablo II..

Después de que el tema y la búsqueda se agotaron, los visitantes se fueron, pero regresaron al día siguiente con un equipo de asalto del ejército y la policía, asignados por las autoridades de la Ciudad Santa después de escuchar el informe de los padres sobre el secuestro del joven. Esto dio lugar a una orden de búsqueda y la detención preventiva del rector del convento.

Esta operación escandalosa fue un acto vergonzoso, una ofensa a las autoridades clericales, pero sobre todo, una grave ofensa a Dios. Todo esto fue debido a un rumor de una mujer enamorada del joven prodigio que, por miedo a perderlo—aunque sucedió de todos modos—extendió falsas acusaciones entre la gente, dañando a toda una comunidad religiosa y civil y privando a la sociedad colombiana de tener su primer PAPA COLOMBIANO.

El joven fue encontrado sin vida pero vivo debido a los calambres en sus músculos después de haber estado atrapado más de 24 horas en un pequeño espacio de un metro cuadrado entre el techo y el techo, un lugar llamado el ático ubicado en el balcón del segundo piso del convento.

De hecho, con las lágrimas que ahogaban su angustia, Doña Carmen recordó. Su conciencia comenzó a causar estragos en su mente, y la gravedad de la condición de su hijo pasó factura en ella. La cabeza de Doña Carmen cayó sobre su pecho debido a su condición después de tres días sin dormir. Entonces, varios médicos irrumpieron en la habitación.

Después de un examen minucioso, encontraron que todos sus órganos vitales estaban funcionando con normalidad. Su pulso, su respiración, e incluso cuando revisaron su pulso, el médico lo encontró tibio. Al abrir su boca ligeramente, no encontró el coágulo de sangre que se formaba intermitentemente en su interior.

El médico se levantó y, mirando a sus colegas que rodeaban la cama del niño enfermo, dijo: "Aquí, debe haber ocurrido un milagro o algo similar, porque este niño estaba en coma y ahora está completamente recuperado." Mirando a Doña Carmen, añadió: "Su hijo ha sido salvado.,"

"¡Bendito sea Dios!" gritó Doña Carmen, y corrió hacia su hijo, besándolo repetidamente, dejando su rostro mojado con lágrimas. Luego, abrazó al médico, lo besó en la frente y corrió hacia la capilla del hospital donde había estado muchas veces antes.

Quince días después, Berni, el hijo de Doña Carmen, jugaba con sus amigos, y apoyado en ambas manos, sostenía un par de zancos de madera de más de 5 metros de altura, de los que los niños usan para correr tras otros en una competencia. Esto a pesar de las claras instrucciones de los médicos y sus padres.

Se suponía que debía llevar una vida sedentaria para evitar accidentes, los cuales podrían tener consecuencias graves debido a su severa hemofilia. Un día, Doña Carmen le dijo: "Hijo, debes vivir como si fueras sacerdote.,"

"Eso nunca será, querida madre," respondió él, y salió corriendo. Vivió su vida normalmente, participando en todos los juegos riesgosos. Era libre y feliz, y sus amigos lo llamaban "El Resucitado." Su madre nunca lo vio trepar un árbol y saltar al río desde sus ramas. Habría caído allí.

El día estaba hermoso. El sol brillaba en las calles, pero estaba fresco debido al clima primaveral. La gente salía temprano, inspirada y feliz, a cumplir con sus obligaciones y deberes. Colombia es un país de gente noble y trabajadora, especialmente en Armenia, una ciudad sana y católica.

Pero en este día, uno que nunca se repetiría, el 9 de abril de 1948, ocurrió la mayor tragedia desde el Holocausto. Un evento histórico que cambiaría para siempre la historia y el futuro de Colombia, una ciudad pacífica como Armenia, y, específicamente, daría un giro a la vida de una familia. La familia Gómez..

Los historiadores llaman a este día el "BOGOTAZO."

Era la dos de la tarde cuando el ilustre Dr. Jorge Eliecer Gaitán fue víctima de las balas disparadas por la mano de un miserable. Estaba en medio de su campaña política como único candidato del Partido Liberal (el "moderno"). Era, sin duda, la mejor y más concreta manera de ganar poder después de más de 40 años de hegemonía del Partido Conservador, dirigido por el Dr. Mariano Ospina Pérez.

El crimen ocurrió entre la 1 y las 2 p.m., y solo una hora después, toda Colombia estaba en llamas. La gente salió a las calles, armada hasta los dientes, en busca de los perpetradores. Mientras las autoridades intentaban controlar las multitudes, mataban a los conservadores uno por uno. Era una venganza de los liberales contra los conservadores. Estos últimos no temían al poder político, sino al poder económico.

Fue caos y anarquía total en toda Colombia. El saldo, aún indeterminado, dejaría más de doscientos mil muertos.

Don Marcos era muy valiente, pero le importaba más su familia.

Después de la segunda amenaza de muerte, y aprovechando la oscuridad de la noche, se fue con su querida mujer negra y sus hijos, rumbo a un destino desconocido, incluso para él mismo, para evitar decirle a alguien dónde iban a vivir.

Don Marcos era un conservador genuino, pero nunca fue un fanático, ni abusó ni pisoteó los derechos de nadie, especialmente los de los Liberales.

Solo les exigía a sus hijas que nunca tuvieran relaciones con Liberales, y mucho menos que se casaran con ellos. Antes de huir, había sido encerrado en su casa con toda su familia. Pero la comida se agotó, y los niños más pequeños comenzaron a mostrar síntomas de deshidratación. Él y su esposa decidieron que tenían que huir para evitar la muerte.

En el viaje, la madre devota proporcionó a sus hijos una solución casera de rehidratación hecha con agua, sal, azúcar y canela, que llevaba en su mochila. Esto, al final, les salvó la vida.

En otro vehículo, mientras ella salvaba a uno de sus hijos, otro murió.

Gustavo, llamado Paco por su parecido con el famoso torero español Paco Camino, estaba sangrando irreversiblemente en el auto-ferreo que se dirigía a Cali, la capital del Valle.

El camión que transportaba los muebles y pertenencias de la familia fue bloqueado por un deslizamiento de tierra que ocurrió la misma noche en que huyeron, en la carretera de Armenia a Pereira, conocida como la "Perla del Otún," Cinco kilómetros antes de esta hermosa ciudad, más de 50 vehículos estaban esperando para pasar.

Después del trabajo del día para remover los escombros, el hijo de Doña Carmen dormía sobre el cuerpo del camión, y otro hombre, ajeno a que el niño estaba dormido, lanzó las herramientas y la pala al aire, pisando sobre Gustavo.

Lamentablemente, el borde metálico rasgó su nariz, causando un corte de solo cinco milímetros de largo, pero suficiente para causar una hemorragia masiva.

La sangre brotaba de él como un toro después del segundo golpe de espada en una pelea.

Gustavo, como todos los hijos de Doña Carmen, era hemofílico.

La familia de Don Marcos, al no haber anticipado esto, terminó viviendo en Cali, forzada por las circunstancias.

Hospital San José de Cali—por coincidencia, el mismo nombre que el hospital de Armenia donde Doña Carmen vio morir a su amado Berni y luego resucitar, gracias al Sagrado Corazón de Jesús.

Gustavo también estaba muriendo, y nuevamente, los médicos no pudieron hacer nada para salvarlo.

Fue una muerte...

Doña Carmen fue en busca del Sagrado Corazón de Jesús, pero no lo encontró en las iglesias que visitó, incluida la capilla del hospital. Nadie podía decirle dónde encontrarlo, y parecía que, en esta ciudad, tampoco conocían a Dios.

Los médicos no tenían el factor de coagulación para salvar su vida.

El plasma no se había separado de la sangre mediante la ciencia médica.

El paciente vomitó la sangre que cayó en su estómago porque no podía ni tragar alimentos.

El olor que emanaba de su cuerpo era tan intenso que la gente no podía quedarse a su lado más de dos minutos.

Sus ojos estaban muy abiertos, y parecía preguntar con su mirada, "¿Por qué me dejan morir?" Muchos años después, se descubriría el factor 8, que salvaría las vidas de los pacientes con hemofilia sin necesidad de un milagro.

Pero aún quedaba el riesgo de hepatitis o de la enfermedad mortal conocida más tarde como el SIDA.

Los milagros ocurren en cualquier lugar y en cualquier momento donde hay personas de fe.

Doña Carmen rezó fervorosamente, y cuando no pudo encontrar al Sagrado Corazón de Jesús, se dirigió a la Virgen del Carmen, y con su ayuda, se dispuso a intentar salvar a su hijo.

De repente, apareció una enfermera que ya estaba familiarizada con el caso y había estado ayudando a Gustavo en el hospital. Ella vino a la casa y se sentó.

"Conozco a un médico, el Dr. Cohen, que es una figura destacada en la ciencia médica, y él es el único que puede salvar a Gustavo. Pero el problema es que no puede ingresar al hospital; lo expulsaron simplemente por pertenecer a una religión diferente."

"¿Sabes dónde encontrar a este doctor?" preguntó Don Marcos.

La enfermera asintió afirmativamente y le entregó una tarjeta con la dirección del doctor. El domingo siguiente por la mañana, los pasillos y habitaciones del hospital estaban desiertos.

Una enfermera estaba sola en su turno aislado, durmiendo con los ojos abiertos, mientras el reloj marcaba las cuatro de la mañana. En la puerta principal, un coche seguía a otro, y varios hombres se bajaron. Cuatro oficiales de seguridad del estado iban adelante con pasos firmes y rápidos, seguidos por el Dr. Cohen, Don Marcos y su hijo Adalberto, quien era un agente cualificado del Ministerio.

Detrás de ellos venían otros cuatro miembros de la Escuadra de Asalto.

Llegaron a la habitación del paciente moribundo, y de inmediato, el médico lavó el rostro de Gustavo con agua y jabón, extrajo la sangre coagula de sus fosas nasales con una jeringa, luego insertó dos pequeños tubos de plástico suave para despejar su respiración. Le aplicó una venda plástica común en la pequeña herida.

El médico luego cambió el pijama y las sábanas de Gustavo. Después de lavarse las manos, extendió una en despedida. Le dijo a Don Marcos: "En tres días estarás en casa con tu familia. Come todo, Gustavo", agregó mientras se iba.

La intervención duró solo 20 minutos.

Salieron del hospital de la misma manera que entraron y aceleraron por la Carrera Cuarta en dirección oeste para dejar al médico en su casa. Cuando Adalberto acompañó al Dr. Cohen hasta la puerta, le preguntó cuánto debía por la operación. El doctor respondió sin demora: "No me debes nada, muchacho. Ve en paz."

Exactamente una semana después, Gustavo se estaba recuperando completamente en su habitación en casa, y su madre, Doña Carmen, le contó cómo había sido posible su salvación.

Como siempre, dijo con gran orgullo: "Dios puede aparecer en cualquier forma, en cualquier momento, y en cualquier lugar."

La Sultana del Valle era una región muy diferente a las frescas laderas de la cordillera central. La temperatura superaba los 36 grados, y la gente era muy expresiva, popular y, para decir lo menos, vulgar, con costumbres muy liberales.

Era una ciudad de más de un millón de habitantes, algo así como un área urbana cosmopolita, donde el rápido desarrollo estaba creando algunas zonas superpobladas sin infraestructura como servicios públicos, escuelas y caminos de acceso.

Estos eran lugares marginados donde se podían ver personas de bajo carácter.

Doña Carmen y sus hijos habían dejado atrás a sus familiares y amigos en la Ciudad Milagrosa, así como las asociaciones a las que ella y Don Marcos pertenecían. Don Marcos también dejó atrás a sus trabajadores, sus proyectos y sus clientes.

Pero lo peor de todo fue que Lucila, la hija mayor de la pareja, había dejado atrás a su único y más grande amor de todos los tiempos. Había dejado atrás a Ernesto, sin ninguna razón clara ni ninguna pista de dónde había ido a vivir. Ella no lo sabía, ni su familia.

Este no era el Ernesto con quien trabajaba (usando la imprenta para hacer revistas falsificadas llenas de billetes falsos), sino otro Ernesto, un hombre humilde y trabajador que siempre había vivido a solo 100 metros de su casa, pero a 100 años luz de su existencia, porque él estaba prohibido de siquiera enviar flores o noticias, simplemente porque pertenecía a una familia de Liberales.

Se conocían desde la adolescencia, alrededor de los 13 años, y se habían enamorado locamente, pero sin la locura del amor. Una vez que Don Marcos descubrió que el príncipe de su hija no era azul sino rojo, le prohibió todo contacto y también le quitó la posibilidad de salir sola.

Nada ni nadie pudo cambiar la actitud de Don Marcos, a pesar de los padrinos que fueron enviados discretamente para intentar intervenir.

Esta pareja sufrió intensamente, y el joven logró ir al directorio del partido y, como menor, renunció a su partido ante testigos adultos.

Sin embargo, cuando Don Marcos se enteró, no lo aceptó, argumentando que la ideología política no podía cambiarse por el amor de una mujer.

Después de esto, Lucila permaneció muda durante muchos años, y cada día parecía más una muñeca de tela que un ser humano. Cada momento, moría de amor por Ernesto.

Una vez en la Sultana, perdió todo contacto con su amado, su amor imposible, y con el tiempo, sucumbió al destino que le ofrecía ninguna oportunidad de verlo nuevamente. Declaró una huelga de hambre no anunciada, ya no reía, y nunca aceptó invitaciones para salir con su familia.

Se dedicó a trabajar en una máquina de coser, hablándole a él en el ruido, para que su padre no se diera cuenta de que aún lo amaba. Siempre que alguien le recomendaba descansar, respondía que quería morir cosiendo porque era lo que más amaba.

Muchos hombres se le acercaron con el consentimiento de sus padres, pero era como tratar de darle vida a una estatua de mármol.

El mensajero de Dios, el que un día llevó la noticia de que conocía a un médico que podía salvar a Gustavo, era un viejo enfermero del hospital San Juan de Dios.

Él fue el único que, con la paciencia del viejo Job, esperó años para que Lucila, la muerta, lo mirara aunque fuera de lado.

El hombre se había enamorado tan profundamente de ella que le contó a sus compañeros y amigos que, aunque ella ya estuviera muerta de amor por otro, él sabía cómo embalsamarla porque había estudiado la técnica de embalsamar a los muertos.

De hecho, con el tiempo, y después de visitar repetidamente su casa de los padres, donde siempre expresaban su profunda gratitud por haber sido el medio para salvar al hemofílico, finalmente ella lo miró a los ojos y se convirtió en el único hombre que la hizo reír una noche cuando él bromeó frente a ella diciendo que era capaz de enterrarse vivo con una mujer muerta.

El paciente enfermero le pidió a sus padres su mano en matrimonio, tratando de asegurarla, ya que ella no tenía idea de que él era su pretendiente o tenía tales intenciones.

Con la persistencia de alguien no afortunado aún, poco a poco, y con mucho tacto, logró hacer contacto. Una vez aceptado como su prometido, inmediatamente fijó una fecha para la boda. El pobre hombre gastó todos sus ahorros de toda la vida en el ajuar, vestidos y otros gastos de la boda, incluidos todos los trámites. Ella era más virginal que la propia María.

Aunque los padres de la encantadora y desilusionada chica comenzaron a cubrir los gastos, el sacrificio del hombre sacrificado llegó hasta exigir que los pagos se hicieran a su propio cargo. "Así actuamos cuando amamos", dijo con mucha claridad.

La mejor hija de muchas buenas hijas, no era tan feliz como hubiera querido, pero su esposo sí lo fue.

No solo por su lealtad, sino porque, a pesar de no amarlo, le dio cinco hijos y le habría dado más si no hubiera muerto joven en una disputa con un colega en el trabajo..

La ciudad de Cali no tenía nada que ofrecer a los nuevos residentes o a los solicitantes de asilo político para hacerlos felices. No solo llegaron directamente al hospital donde esperaban vigilantes la muerte del hijo herido en el accidente cerca de la Perla del Otún, sino que también se vieron obligados a esperar más de 6 horas para que su coche pasara por las vías del tren.

Cuando llegaron, el tren de pasajeros que se dirigía a la Ciudad Santa de Popayán acababa de atropellar un autobús con una cantidad de pasajeros hacinados, que, tras la colisión, comenzó a arder. Los hijos de Doña Carmen y ella misma incluso vieron cómo un pasajero del autobús sin piernas y sin cabeza caminaba.

Veinticinco personas murieron completamente quemadas en el incidente.

Don Marcos, como siempre, construyó la casa donde su querida mujer negra y sus hijos pudieran descansar sus cabezas, pero desde el primer día, empezaron a perderlos.

El coche en el que llegaron, comprado con dinero de la lotería de billetes falsificados, fue vendido para recaudar fondos para los gastos exorbitantes que estaban incurriendo.

El comprador era un hombre conocido y adinerado de la ciudad, pero no pagó. Fue necesario demandarlo después de que se agotaran todos los esfuerzos formales de cobro. El juez encargado del caso ordenó la incautación de algunos de los bienes del deudor para asegurar el pago de la deuda.

Don Marcos le preguntó a sus vecinos por qué había tantos canallas en la ciudad, y la gente respondió que no debía hacer negocios con ese tipo de personas.

Don Marcos logró recuperar el dinero, y milagrosamente, el abogado le entregó un cheque unos días después de la sentencia. Fue al banco y lo cobró.

El cajero le entregó los billetes en una bolsa, y cuando estaba a punto de salir, el hombre que estaba delante de él en la fila se acercó y le preguntó si estaba satisfecho con el servicio. Don Marcos respondió que sí.

En ese momento, se acercó una mujer embarazada, mostrando signos de fatiga, y les preguntó dónde podía encontrar la oficina de la Lotería del Valle, ya que había intentado varias veces pero no la encontraba. Don Marcos respondió que era nuevo en la ciudad y no sabía. El otro hombre presente dijo que sabía dónde estaba ubicada.

La mujer los atrajo y, hablando en voz baja, les dijo que había ganado el gran premio de la lotería. Inmediatamente, el otro hombre le recomendó que descansara un poco porque la oficina estaba lejos y la invitó a entrar en el café junto al banco. "Únanse a nosotros", le dijo a Don Marcos, "porque inspiras confianza y seguridad", le dijo en una voz dulce. Entraron y se sentaron en una mesa.

Cada uno pidió café, pero la mujer pidió el suyo con leche y tostadas. Les mostró—casi debajo de la mesa—el billete ganador y la lista de los números sorteados. Los hombres miraron de cerca los documentos, y efectivamente, el número de la lista coincidía con el número del billete como el gran premio.

Para asegurarse de que no hubiera sospechas, no había alteraciones en los números ni en las fechas. Tanto Don Marcos como Don José, que se había presentado antes, la felicitaron calurosamente, y para celebrarlo, pidieron dos cervezas frías a la joven que las servía.

Ella dijo: "Como ustedes parecen ser personas honestas, les confiaré mi premio porque no me siento lo suficientemente fuerte para caminar hasta la oficina de la lotería. La agencia está a 10 cuadras de aquí." Ambos estaban orgullosos de la confianza que ella había depositado en ellos, especialmente Don Marcos, que era el hombre más respetado de la ciudad.

Sin embargo, Don Marcos y Don José insistieron en que Doña Rosa los acompañara, pero ella se disculpó por no sentirse bien y pidió una aspirina.

Don José le entregó un paquete de dinero, mostrando su contenido, y Don Marcos le entregó la bolsa con los billetes del cheque, que no había retenido el abogado y que había guardado de la demanda.

Ella dudó en aceptarlo, pero ellos insistieron, diciendo: "Volveremos con tu dinero de la lotería."

Los respetables y honestos caballeros se dirigieron a la agencia, no sin antes pagar la cuenta del café.

La mujer dijo en voz alta para que todos pudieran oírla: "Estaré aquí esperando por ustedes, que Dios los acompañe."

En la agencia de lotería, antes de entrar, Don José le preguntó a Don Marcos cómo podían darle el dinero a esa mujer sin saber con certeza si realmente era un premio de lotería o algo falso.

Añadió: "Tú lo recoges, yo voy con ella y te esperaré allá. Si Dios quiere, todo será verdad. Hay estafadores por todas partes en esta ciudad, y no es de extrañar si ella es una de ellos."

"Si es verdad," dijo Don Marcos enfáticamente, como si despertara de un largo sueño, "adelante, y después de ser atendidos, dirígete directamente al café."

El día pasó, y al acercarse la noche, Don Marcos, fatigado de ir y venir, regresando a la agencia de lotería, preguntando por Don José, yendo al café y no recibiendo respuestas a los sucesos que se estaban desarrollando, decidió regresar a casa.

Su esposa, muy preocupada, lo saludó con un beso y un abrazo y le preguntó ansiosamente qué había sucedido.

Su pequeño mono, como ella lo llamaba, respondió, "Bueno, al menos estoy bien, y no me hicieron nada más que robarme el cambio del cheque."

En la agencia de lotería, le dijeron a Don Marcos que este truco ocurría regularmente y que no podían hacer nada más que denunciarlo a la policía. Era una estafa originada en Chile, un país al sur de Colombia.

Le dijeron a Don Marcos que la lista de ganadores era real, y el número del billete de lotería también era real, pero al mirar de cerca el documento, se podía ver que la fecha del ganador era anterior a la fecha del billete.

"Es decir," dijo el gerente de la agencia, "toman la lista de ganadores, hacen nuevos billetes con los números del premio y luego se los muestran a la víctima de la estafa."

"Increíble," dijo Doña Carmen. "Claro, los números coinciden, y por eso te hicieron creer que eran ganadores de la lotería. Brillante, gente tan astuta."

Cuando los hijos de Don Marcos y Doña Carmen se enteraron del truco de la lotería, llamado "El Paquete Chileno", le dijeron a sus padres que con este truco, incluso el ganador del Premio Nobel, Pablo Neruda, podría caer en esta estafa. "No te preocupes, papá. Dios tiene más para darnos que lo que los chilenos nos puedan quitar."

El teléfono sonó en la casa de Don Marcos. Era una llamada de Isla del Cascajal, y al otro lado de la línea, con voz alegre, habló el hijo de Doña Carmen, quien, con una escuadra de asalto, había llevado al salvador de Gustavo al hospital. "Papá, el Dr. Luis Granada Mejía es el nuevo Administrador de la Oficina de Aduanas, y cuando reconoció a tus hijos, pidió por ti. Sabía que no tenías trabajo en Cali, y me rogó que te trajera para que lo nombrara jefe del almacén de mercancías delicadas provenientes del extranjero, el almacén #4 para ser exactos.'El Mono' es la persona más honesta y capaz que he conocido."

Don Marcos, lleno de felicidad y orgullo, ordenó a su esposa que empacara sus maletas para dirigirse a Isla del Cascajal, el primer puerto de Colombia en el Pacífico. Doña Carmen llenó las maletas con lágrimas y ropa y se fue con toda su familia y su querido "pequeño mono" a Buenaventura, Isla del Cascajal.

Inmediatamente, Don Marcos se puso a disposición del nuevo Administrador de Aduanas.

Después de asumir su cargo, fue a construir la nueva casa donde su familia viviría por más de 20 años, hasta que se jubiló y se mudó a un hermoso pueblo ubicado en las laderas de la Cordillera Occidental, llamado Lomitas.

Finalmente, la paz y la felicidad regresaron a su hogar.

La pesadilla de su estancia no planeada en la Sultana del Valle, luego inexplicablemente llamada La Rama del Cielo, quedó atrás.

La casa fue dejada a Lucila, la hija que fue entregada a un hombre que nunca amó, simplemente para devolver el favor de salvar a su hijo Gustavo. Sin embargo, el que realmente había amado, y nunca olvidaría, era Ernesto, el liberal.

Lo que Don Marcos nunca supo era que César, el esposo de Lucila, también era Liberal, pero siempre se declaró Conservador porque temía a Don Marcos.

Todos trabajaban, y los más jóvenes---Gustavo, Jaime, Aurelio y Berni---también.

Arge, quien había estado viviendo en la Isla por más de 5 años, ocupaba un puesto importante en una empresa de transporte, y Gustavo, el sobreviviente, trabajaba para otra compañía. Jaime y Marco trabajaban en la empresa que gestionaba el puerto. Berni trabajaba para una agencia de Aduanas, y todos contribuían con dinero para el bienestar de toda la familia.

La felicidad se abrazó plenamente porque sabían que no duraría para siempre.

Leo Fong era un hombre chino que poseía un próspero negocio de motocicletas en la isla.

Cuando conoció a la señorita Lilian, la hija de una familia local, ella tenía cinco hermanos fuertes y robustos, todos en la zona, además de los que vivían en la Sultana, y un padre estricto y dominante. Nunca se atrevió a presentarse. Sin embargo, llamó a cada uno de los hermanos uno por uno y les ofreció motocicletas.

La única condición era que le entregaran un saludo a su distinguida hermanita, como solía decir. Y, de hecho, era mejor que no se presentara, porque la reputación de los chinos era que eran comunistas, y para un conservador como Don Marcos, ver a un comunista era como ver al diablo.

"Dios lo ayude," decía Doña Carmen siempre que alguien comentaba sobre el hombre chino.

Tener una hija adolescente, hermosa e inteligente, en una ciudad portuaria como Buenaventura, conocida como Isla del Cascajal, no era fácil.

La hija de Don Marcos fue visitada por todo tipo de hombres—Liberales, Comunistas, Conservadores, Socialistas, Europeos, Asiáticos, Americanos, Musulmanes—todo tipo de hombres. Esto no es una exageración, porque, al igual que en el puerto de Nueva York, Buenaventura era un cruce de caminos para todas las razas.

Puertos que eran paradas obligatorias para los barcos que llegaban de cualquier parte del mundo, con sus pasajeros, tripulaciones y las enfermedades o vicios que traían. Ahora, era un pretendiente quien reunía todas las características físicas de un príncipe de sangre azul.

Cumplía con todos los requisitos para los padres más exigentes de una hija casadera.

En esta ciudad, había cientos de chicas que seguramente aceptarían a este nuevo pretendiente sin pensarlo dos veces. Ninguno más que un prestigioso abogado, graduado de la Universidad de Santiago de Cali, ya renombrado por sus éxitos en los tribunales civiles.

Este hombre estaba visitando la casa de la familia de Don Marcos..

Cuando el Dr. Alomia se paró frente a Don Marcos y, mirándolo a los ojos, declaró que estaba enamorado de su hija Lilia y que deseaba seguir visitando su casa como su pretendiente, Don Marcos, sin rodeos—fiel a su manera directa—dijo:

"Querido doctor, nuestra familia no puede mezclarse. Somos de raza pura, sin mestizos en la familia. Por lo tanto, eres libre de buscar una esposa en otro lugar."

El fabuloso príncipe, envuelto en dinero pero no azul, sino negro, nunca volvió a la casa de Don Carmen y Don Marcos. Jaime, que servía como el mensajero para sus hermanas y hermanos, llevando mensajes de un lado a otro, visitó al abogado un día y le preguntó por qué nunca volvió a la casa.

El abogado respondió que Don Marcos lo había despedido porque era negro. "Ese hombre es un racista desafortunado."

Jaime no sabía qué decir y se despidió del abogado, nunca volviendo a su oficina..

Era un domingo tormentoso y lluvioso de mayo, un día sin sol.

Al mediodía, Arge llegó y reunió a toda la familia, excepto al más joven. Trajo las noticias más devastadoras que la familia jamás había recibido. Comenzó diciendo que habían recibido una llamada de la Sultana del Valle, informándoles que Gustavo y el hermano de su esposa habían sido hospitalizados tras sufrir un accidente.

Tan pronto como Doña Carmen escuchó el nombre de la Sultana, comenzó a ponerse pálida.

Arge agregó que debían mantener una comunicación directa con el hospital para organizar el viaje, pero él estaba ocultando la verdad.

Ya los habían clasificado con su número respectivo en la morgue.

Doña Carmen estaba tan afectada que, como un robot, comenzó a deambular por la casa, saliendo a la calle como si buscara algo. La gente le preguntaba qué sucedía, y ella respondía que algo le decía que su hijo había muerto en ese maldito accidente de motocicleta. Era su sexto sentido.

Esto ayudó a mover las cosas dentro de la casa, y se hicieron los preparativos para la llegada de los cuerpos. El velorio sería para ambos. El otro joven era el hermano de la esposa de Arge.

Más tarde se supo que el accidente había ocurrido en el kilómetro 30, que conduce desde la Sultana hasta la Isla, más precisamente en el puente "La Bruja,"

La motocicleta fue encontrada sobre el pavimento por el conductor de un tractocamión que, después de estacionarse al lado de la carretera, caminó por el sitio y vio los cuerpos de los fallecidos flotando en las aguas de una pequeña cascada de piedras, en lo más profundo del fondo.

Estos jóvenes eran muy queridos en la ciudad, y ambos tenían 25 años.

Dondequiera que iban—una fiesta, un café o un bar—causaban revuelo, reuniendo gente a su alrededor con su gran encanto. Su desaparición causó mucha tristeza, y todos los acompañaron al cementerio.

Los camiones, remolques, autos y autobuses formaron una línea de más de dos mil vehículos.

Ambos trabajaban para diferentes empresas de transporte de carga y eran bien conocidos por todos los conductores que llegaban al puerto buscando carga.

Esta es la peor tragedia que puede suceder dentro de una familia—la muerte accidental de un hijo. Doña Carmen tenía 10 hijos más, pero sentía como si los hubiera perdido a todos. Su dolor era inmenso.

Pasó cinco años llorando y dos años sin mantener ninguna conversación con nadie. Solo respondía lo absolutamente necesario. Daba la triste impresión de que nunca se recuperaría del dolor. Después de mucho tiempo, y con tratamiento especial mediante terapia, psicología y amor, logró regresar a la dura realidad, pero nunca sería la misma Doña Carmen.

Morir es natural; morir en un accidente es posible, pero nada de esto la consolaba. Ella creía que la verdadera causa de la muerte de su hijo era ella misma. Eso era lo que ella sostenía.

Solo un mes antes, Gustavo había sido echado de la casa por su padre.

Don Marcos lo expulsó porque una noche de borrachera, Gustavo llegó a casa alrededor de las 3 a.m., fue a la cama de su hermano menor Berni, levantó suavemente la manta, metió la mano y tocó su pene. Cuando Berni sintió esto, levantó los pies y dio una patada fuerte, golpeando sin saber a Gustavo en la oscuridad de la habitación.

Con el ruido, Don Marcos vino corriendo y llevó a Berni a la cama de su madre. Allí, escucharon a Berni explicar lo que había sucedido. Don Marcos agarró a Gustavo por los pies, lo sacó fuera y le tiró la ropa encima. Gustavo fingió estar más borracho de lo que estaba y se quedó quieto. Doña Carmen, conociendo tan bien a Don Marcos, no discutió y le permitió tomar sus propias decisiones.

En ese mismo momento, Don Marcos le dijo a Doña Carmen que ese "maricón" nunca volvería a entrar en su casa—al menos no mientras él estuviera vivo.

Este suceso hizo que Doña Carmen se sintiera responsable de la muerte de Gustavo. No había hecho nada para defender a su hijo.

Una vez pensó en decirle a su esposo que "Gustavito probablemente intentaba enseñarle a Berni a masturbarse", pero nunca lo hizo.

La fe de Doña Carmen comenzó a desvanecerse como una linterna que se queda sin aceite. Tuvo un grave conflicto entre lo que ella llamaba castigo y perdón. En su mente, el Antiguo y el Nuevo Testamento chocaban, y no podía aceptar la justicia sin misericordia.

A pesar de todo su amor por el Sagrado Corazón de Jesús, comenzó a pensar que Él no estaba cumpliendo sus promesas. "¿Será que el Señor me está enviando estas tribulaciones?", se preguntaba. Estaba a punto de perder la razón cuando, de repente, una luz entró en su entendimiento.

Fue a la tocador, se arregló, algo que no hacía en más de dos años, se puso un vestido y casi corrió a la catedral a encontrar al Obispo Gerardo Valencia Cano, uno de los siervos más responsables del Señor Jesucristo. Lo recibió de inmediato y, en confesión, despejó todas sus dudas. "Las cosas que suceden," dijo con claridad y gran comprensión, "no son diseños divinos. Son el resultado de la imprudencia, negligencia, error humano o fallo mecánico. El proyecto de Dios es divino—fue, es y será siempre la salvación del alma a través de la fe."

Doña Carmen se sintió poseída por el Espíritu Santo, tan santa como el respetado vicario, y, arrodillada, pidió su bendición.

Luego se fue a casa, y desde ese momento, volvió a ser la amable y respetada madre de su querida "mujer negra" y esposa de Don Marcos.

Unos días después, y como lo prometió al obispo, Doña Carmen regresó a verlo, pero esta vez con su hijo menor, Berni.

Monseñor le pidió al niño su nombre completo, su edad, y con solo tres preguntas más, lo incluyó en la lista de futuros seminaristas para la Arquidiócesis de Isla del Cascajal y sus pueblos vecinos.

Esto trajo una gran alegría a la devota madre, y desde entonces, vio todo con más claridad; sintió un gran alivio en su conciencia porque iba a devolverle uno de sus hijos a Dios, al menos el último, para compensar la falta que había cometido con el Señor cuando le había quitado a su hijo Arge de sus manos, justo cuando estaba a punto de ser ordenado sacerdote, solo por los chismes de que lo estaban convirtiendo en un "maricón" en el convento.

Pero como la felicidad es corta, y más corta aún para las madres, cuando Berni se enteró de que la lista era para enviarlo al seminario, y conociendo la historia de su hermano, que no había sabido hasta ese día, comenzó a perseguir mujeres para crear la reputación de ser un pervertido sexual, pero nunca un "maricón,"

Empezó a visitar regularmente las casas de sus hermanos y las casas de amigos de la familia, buscando sus primeras conquistas.

Solo tenía 15 años.

Los padres de la chica, pero lo peor de todo, fue su padre, Don Marcos, quien en casos como este, era el peor de los jueces; no aplicaba justicia, sino castigo; no escuchaba razones, solo conclusiones; tenía una conexión con el acusado, lo que lo hacía incapaz de juzgar el asunto. Golpeó a su hijo tan severamente que lo dejó en cama por un mes.

Olvidó que su hijo era menor, hemofílico, respetuoso, pero sobre todo, olvidó que era su hijo, y lo castigó como nadie debería castigar a un perro.

Unos días antes de que Berni se fuera al exilio, huyendo de su padre, de su familia y de la desgracia del pueblo, conoció a María, quien, sabiendo todo lo que había sucedido, le pidió perdón y ofreció todo tipo de excusas.

Berni adivinó lo que nadie más pudo: la chica estaba enamorada. Prometió acompañarlo en su viaje en el tren que lo llevaría a la Sultana del Valle al día siguiente.

En el camino que lleva del mar a la Sultana del Valle, hay seis túneles, pero uno de ellos es varios kilómetros de largo.

Berni esperó la oportunidad de esconderse debajo de la mesa en el coche restaurante del tren, que había estado compartiendo con María, la antigua empleada de su hermano. Ella lo cubrió con la falda de su vestido, pero en medio de la incomodidad que Berni estaba pasando, uno de sus pies sobresalió, bloqueando el paso de los pasajeros.

Justo cuando el coche emergió a la luz del día después del túnel, y como si fuera planeado por el diablo, el Obispo de la Isla tropezó con el pie de Berni. Salió para exigir una explicación de quién lo había tropezado, solo para encontrarse cara a cara con Monseñor.

Después de varios minutos de silencio, el obispo dijo: "¿Eres Berni, el hijo de Doña Carmen?" Berni no respondió, no por mala educación, sino porque no quería explicar lo que todos habían visto.

Monseñor le pidió que se sentara con él en la siguiente mesa, y Berni le respondió, diciéndole que esperara mientras él iba al baño.

Berni nunca regresó, y el Obispo Rojo, como lo llamaban los políticos, nunca volvería a ver a Berni, quien ya no era tan angelical como lo había sido apenas días antes, cuando era descrito frente a su madre.

Doña Carmen perdió a su hijo Berni.

Continuó llorando y le dijo a su querido "Monito" que tenía la impresión de que nunca volvería a ver a su hijo. "Creo," dijo, "que el castigo fue excesivo, y todavía tengo dudas sobre si él fue responsable de esas cosas, ya que la chica dijo que no le hizo nada." El "Monito" permaneció en silencio, pero tampoco lamentó sus acciones.

Al contrario, dijo: "Eso está en el pasado, y lo que debes hacer es olvidarlo."

Berni buscó asilo con su hermana mayor Lucy, compartiendo la casa con ella, sus dos hijos y su esposo—el enfermero en el hospital donde Gustavo, el fallecido, había muerto.

En la casa de los Gómez en la Isla, todos estaban muy tristes. Una vez más, las puertas se cerraron.

Las invitaciones para viajes a la playa o al río iban y venían, pero nadie tenía ganas de salir. Berni y Gustavo dejaron un triste vacío en sus almas.

Los más guapos y codiciados solteros de la Isla rondaban alrededor de la casa, buscando una oportunidad para conquistar a la ahora chica de 18 años, que, como se creía, necesitaba solo el primer pretendiente para comenzar su viaje..

Pero, entre todos, quien ganó la simpatía de la familia fue un hombre que apareció de repente y venía de la Sultana del Valle.

No era tonto; antes de siquiera mirar a la joven y hermosa Lilia, abrazó a Don Marcos, saludó a Doña Carmen con ceremonia y, sin siquiera echar un vistazo a la futura novia, descargó plátanos, yucas, papas, tomates y naranjas que traía de su finca para la familia que llamó la más querida del planeta. Así lo dijo, y solo después de eso, dedicó un minuto a Lilia para saludarla.

Además, descargó una guitarra.

Cuando se enteró—nadie sabe cómo—de que había un pretendiente muy serio de alto rango esperando para entrar a la casa a visitar a Lilia, acordó con Don Marcos visitar su casa cada semana, y así lo hizo durante mucho tiempo, hasta que, seguro del amor de Lilia, fijó una fecha para la boda.

Con su guitarra y un poco de voz (porque el polvo del camino la afectaba, como él mismo contaba a todos), conquistó a Doña Carmen.

Ella había sido arrullada por las serenatas que Don Marcos solía traer a su casa después de casarse, pues su amor había sido a primera vista. De nuevo, recordó todos esos hermosos momentos de su pequeño pueblo.

Se sentían muy bien con este joven desconocido—guapo, educado y también músico, aunque esa no era su profesión; eso lo sabían con certeza en la casa de la novia.

Después de casarse, esta linda pareja ya no traía verduras ni cosas similares, y como excusa, el esposo decía que no era prudente porque la guitarra podría dañarse o romperse.

Tras hacer algunas investigaciones en la Sultana del Valle, descubrieron que la finca no era suya, sino de su padre, y no era más que un pequeño pastizal sin vacas ni caballos; no quedaba nada allí. Después de esta información, los hijos de Doña Carmen nombraron la finca "La Pelada,"

Esta fue la última boda que celebraron en su casa.

No la más elegante, aunque lo fue, tal vez la boda de Miryam habría sido la mejor vestida, bien organizada y cumplió con todos los requisitos. Además, los padres ayudaron con una gran parte de los gastos que en ese momento solían ser asumidos por los padres de la novia. Miryam, como Lucila, fue otra que se sacrificó.

Como Lucila, se casó con un hombre que a Don Marcos y Doña Carmen les gustaba más que a ella misma, porque estaba enamorada de un hombre llamado Jaime, a quien amó toda su vida.

Otro de esos pretendientes que nunca tocó a la novia en ningún lugar excepto en uno, pero no en los labios.

En estos asuntos de sexo y de conocer a las mujeres, nadie, ni siquiera alguno de los hermanos de las hijas de Doña Carmen, puede considerarse un experto. Pero Luzmila estaba casada con el hombre que amaba y nunca lo olvidaría.

Incluso con el paso de los años, lo recordaba como si el tiempo no hubiera pasado. Soñaba con él, y a veces se le aparecía. Le preguntaba qué quería, esperando que respondiera que era ella, pero él venía desde el más allá a pedirle perdón por todo el daño que le causó en la vida. La gente creía lo que ella decía porque su Hugo fue el peor esposo que existió.

Sus hijos varones, nacidos dentro del matrimonio, que llegaron a ser cuatro, no podían ser malos esposos—eran terribles. Eran exactamente como su padre en todo, incluso en su falta de respeto hacia las mujeres.

Este caso, que fue ampliamente discutido en la sociedad, llevó a los primeros estudios de genética. Hay mucha relación entre el padre y el hijo, concluyeron los expertos.

Se observó la extraordinaria semejanza física entre el padre y sus hijos. Luzmila pasó la mitad de su vida tratando de cambiar a su esposo sin éxito. Luego, buscó ayuda de algunos familiares para viajar a los Estados Unidos de América. Después de un tiempo en ese país, logró traer a los cinco hijos de su propio esposo a su lado.

Su única hija vale por los cuatro hombres juntos y quizás por muchas mujeres en el mundo. Es una de esas verdaderas copias del sacrificio, habiendo tenido a su madre a su lado desde el día que se enfermó de una grave enfermedad renal.

Recibe tratamiento de diálisis cada 48 horas en el hospital de su barrio.

Lucila fue otra de las hijas de Doña Carmen, también sacrificada en un matrimonio de gratitud. Ella había estado cuidando a Berni en el exilio en Cali debido a la neumonía que lo afectaba.

Pero Lucila recibió malas noticias de su esposo y tuvo que mudarse con su familia a Quibdó, Chocó, un departamento en la costa Pacífica, en el oeste de Colombia. César, el enfermero galardonado, fue designado jefe de la unidad de cuidados intensivos de la policía en Chocó. Como resultado, Berni tuvo que empacar sus maletas y buscar refugio en la casa de su hermano César, el sastre anatómico.

Los hijos de su hermano, sus sobrinos, eran contemporáneos, y le dijeron que se lo pasaría muy bien allí. Al llegar al vecindario, todas las jóvenes y bellas mujeres se agitaron. Berni tenía solo 18 años, y la neumonía no había debilitado su fuerza sexual. Pesando 70 kilos y midiendo 1.70 metros de altura, vestido con ropa de su hermano que le quedaba grande, era un modelo completo.

Incluso sus sobrinas pusieron su ojo sobre él, aunque nadie sabe con qué intención. Una vez, una de ellas subió una pared de cuatro metros sin escalera ni ayuda. Una vez arriba, asomó muy lentamente para observar a Berni mientras se duchaba. Berni se dio cuenta de ella y permaneció en silencio, pero comprendió. Ella pudo admirarlo por completo.

Cuando se sintió satisfecha, descendió tan silenciosamente como subió. Después de que Berni terminó su ducha, fue en busca de su sobrina.

Cuando no la encontró, le preguntó a su madre, quien respondió que la niña estaba buscando agua en la cocina porque decía que moría de sed.

99

La felicidad no es eterna, y una vez más, Berni fue asaltado por los eventos que ya habían sucedido en la Isla, en casa de su hermano Arge, donde fue acusado de intentar algo que nadie sabía qué era, involucrando a su sobrina, lo que le causó enfermedad, la pérdida de sus estudios y, sobre todo, el exilio.

En estas reflexiones, decidió que lo más sensato era dejar la casa de su hermano.

Fue en busca de un amigo, y con la excusa de que la casa de su hermano estaba demasiado lejos del trabajo, logró convencerlo para que lo dejara quedarse en su casa, con permiso previo de su madre, una digna viuda de unos 45 años, con una hija de 15 años y un hijo de 10.

El amigo de Berni tenía alrededor de 30 años.

Fue recibido con gran honor en una familia distinguida que conocía desde la ciudad de Milagro. Berni y Hubert fueron invitados a todas las fiestas o reuniones porque hacían una gran pareja, creando un contraste llamativo.

Berni, con su cabello rubio y ojos verdes, y Hubert, un mulato fuerte con finos rasgos, cabello negro y ojos marrones, exudaban encanto y buen gusto.

Pasó el tiempo, y Berni fue al consultorio médico para una circuncisión después de un examen. Sus amigos lo habían presionado, ya que por su edad, se esperaba que estuviera libre de prepucio.

Se decía que este procedimiento beneficiaba tanto a él como a sus relaciones en términos de salud e higiene. Sin embargo, Berni era hemofílico, lo que había retrasado la cirugía. Su madre nunca lo permitió debido a los riesgos asociados.

Sin embargo, llegó el día, y Berni se acostó para la circuncisión. Sangró excesivamente, como un toro en una corrida.

Cuando el médico finalmente controló la hemorragia, Berni regresó a casa y descansó durante varios días. Se cuidó y cambió su propia ropa interior. Pero una desafortunada noche, la madre de Hubert notó manchas de sangre. Ya había notado los extraños movimientos de Berni antes, y ahora, con esta clara señal, ella y los demás decidieron pedirle que dejara la casa.

"Debe estar enfermo; podría ser gonorrea," pensaron, sin hablar directamente con Berni.

A pesar de estar muy delicado por la pérdida de sangre, Berni tuvo que levantarse de la cama para empacar sus pertenencias. Hubert no dio una razón específica, pero Berni lo entendió, y no fue una sorpresa.

Su hermana, Miryam, escuchó su versión de la historia y lo recibió en su casa sin preguntar.

A los 24 años, Berni seguía siendo el niño de Doña Carmen. Mejoró su salud, y con su sobrino, el hijo mayor de Julio, comenzó a trabajar en una empresa donde operaba una máquina de imprenta. Esta máquina era similar a una que había en Milagro, que una vez imprimió billetes falsificados como auténticos.

En su nuevo trabajo, imprimían cartón para empaques de algunos de los chicles más famosos de los Estados Unidos. El lugar de trabajo tenía más de 50 mujeres hermosas de entre 17 y 27 años. Y donde hay mujeres, hay problemas.

Algunas de las mujeres empezaron a presionar al sobrino de Berni para que arreglara una cita con su tío, ya que todas estaban muy atraídas por él.

Con tantas opciones, César no sabía a quién darle una oportunidad, pero después de escuchar sobre el asunto, Berni resolvió el problema de manera salomónica. Esa misma tarde, después de limpiar la máquina, Berni se dio una ducha y, sin ningún tipo de modestia, caminó completamente desnudo entre todas las mujeres para recoger un jabón que había caído fuera del baño.

Todas quedaron asombradas y satisfechas por la audacia de Berni. Incluso algunos de los hombres quedaron impresionados. Pero, como siempre, surgió la celosía. El gerente de la empresa pronto llamó a Berni para entregarle su cheque de liquidación y una carta de recomendación.

Fue en el séptimo piso de un rascacielos en la ciudad de Cali donde se encontró Berni.

Allí, en una de las oficinas, se sentaba el recién nombrado gerente de una prestigiosa empresa de aduanas. Berni, el hijo de Doña Carmen, había sido ofrecido para el cargo de dirección en esta importante agencia de aduanas. Una mañana, su hermano, el sastre anatómico y padre de la sobrina escaladora, lo visitó y le dijo: "Hermano, tienes una suerte extraordinaria. Después de esa exhibición pública que hiciste, podrías haber terminado en la cárcel, pero ahora aquí estás, en la oficina del gerente."

Berni simplemente respondió que los tiempos estaban cambiando. A los 20 años, era el ejecutivo más joven de Colombia—y probablemente de toda América.

Con su inteligencia natural, Berni ideó una nueva forma de preparar la facturación de los servicios a los clientes. En un enfoque novedoso, cobró a los clientes por cada bolsa que se rasgaba en el puerto o durante el transporte.

También incluyó los gastos de oficina, así como los de la oficina principal ubicada en Isla del Cascajal, incluso los salarios de los empleados, proporcionalmente por la tonelada importada por cada cliente. De esta manera, dejó a sus empleadores con las comisiones autorizadas por el gobierno local, limpias.

Las ganancias brutas eran automáticamente las ganancias netas.

Su empleador empresario le proporcionó a Berni un avión privado para viajar a la isla cada mes a preparar las cuentas. Durante estos viajes, Berni también visitaba a su familia, que vivía en la isla en ese momento.

El asunto con su sobrina, la hija de Arge, ya se había aclarado con su hermano, y ambos se habían disculpado por los malentendidos. Para ese entonces, Berni ya era bien considerado en la ciudad..

Berni era frecuentemente reconocido por sus habilidades gerenciales, pero las mujeres seguían causando que perdiera su reino y su sabiduría. Un día, la administración del edificio envió una carta a los dueños de la empresa, informándoles que mujeres de todas las edades desfilaban diariamente por la oficina —ninguna de ellas era cliente— y solicitando una investigación. Don Gena, el empresario, se enteró de la situación y decidió verificarlo.

Una tarde, después de pasar cuatro horas en la isla, Don Gena regresó temprano. Abrió la puerta de la oficina en silencio con su llave, miró en las oficinas y continuó hacia la siguiente habitación. Allí, a unos tres metros de distancia, bajo la mesa de conferencias, encontró a Berni, completamente desnudo con una joven mujer, no mayor de 17 años, cuya falda cubría su rostro. Berni notó que alguien lo había visto, pero Don Gena se retiró rápidamente, cerró la puerta en silencio, tomó el ascensor hasta el primer piso, salió y se apresuró al Café Bemoca. Allí, llamó a Berni.

Momentos después, Berni se había vestido y pidió cortésmente a su visitante que se fuera, pidiéndole que regresara otro día. Después de una breve llamada telefónica, se unió a Don Gena en el café. "A partir de hoy, empieza a buscar otro trabajo", dijo Don Gena con firmeza. Berni ofreció sus más respetuosas disculpas. El honorable hombre las aceptó sin pedir explicaciones. Berni se aseguró de mantener en secreto la identidad de su visitante, quien, sin exagerar, era una de las mujeres más hermosas que jamás lo había visitado bajo una mesa.

Cuando se trataba de órdenes, no era necesario repetirlas a Berni. Rápidamente comenzó a buscar un nuevo empleo. Con muchas amistades en la gerencia de empresas, invitó a almorzar al gerente de una compañía de seguros. Durante su conversación, expresó cortésmente su deseo de trabajar para una empresa prestigiosa como la de su invitado.

Esencialmente, estaba pensando en el matrimonio y necesitaba estar en una organización donde hubiera más oportunidades disponibles. Su amigo conocía las capacidades de Berni porque la agencia de aduanas donde trabajaba también era el representante del asegurador en la isla. En varias ocasiones, Berni había sido tema de discusiones entre su invitado y su superior.

Dona Gena y Don Lonso habían comentado a menudo sobre los logros y aventuras de Berni..

Capítulo 3
La Bonanza

Dos semanas después de la entrevista, Don Lonso invitó a Berni a la compañía y le ofreció un puesto gerencial, específicamente como jefe del departamento de seguros de automóviles. En este rol, era responsable de producir nuevos contratos, manejar los ajustes de pérdidas por incidentes, gestionar bonos y asegurar la satisfacción del cliente. Berni era el ajuste perfecto para este puesto, y el asegurador era el mejor en el mercado de seguros de Colombia en ese momento.

Con un salario que duplicaba lo que había ganado en la agencia de aduanas, Berni se mudó a una pensión. La dueña, una respetable dama de Old Caldas, tenía reglas estrictas --- especialmente contra permitir que visitantes, particularmente mujeres, se quedaran con los huéspedes. Esta regla se establecía no solo porque tenía dos hijas adolescentes, sino también porque había más de 25 hombres solteros viviendo allí, y necesitaba mantener el control de su negocio.

Berni inicialmente dudó, pero luego se dio cuenta de que un descanso de su actividad sexual habitual podría beneficiar su enfoque en su nuevo trabajo. Aceptó. Sin embargo, no pasaron ni dos semanas antes de que presentara a la primera de sus novias a la dueña, explicando que era una de sus hermanas que venía a recoger el dinero que le daba cada mes para sus estudios.

La dama preguntó cuántas hermanas tenía, y Berni respondió: "Cuatro," Luego usó esta oportunidad para preguntar si podía recibir visitas de sus hermanas cuando vinieran a recoger el dinero, ya que ayudaba a las cuatro. Este movimiento astuto le permitió traer a cuatro novias a la pensión..

Así comenzó el desfile de mujeres a la moda en la pensión de Dona Rita en Salamina, una respetable dama de Manizales, Caldas, Colombia. Ocasionalmente, sobrinas ---muchas sobrinas--- vendrían de visita, y cuando llegaban a la mayoría de edad, las presentaba como tías. En una ocasión, la dueña comentó sobre la gran familia de Berni. "Sí, señora", respondió Berni, "y me llaman el Altruista,"

Un joven que trabajaba en un negocio ubicado en la entrada del edificio, donde estaba la pensión, se hizo amigo de Berni. Un día, preguntó si había un estudio de arte o una agencia de modelaje en los pisos superiores. Berni sonrió y respondió que no lo sabía, pero que parecía que podría haber algo por el estilo.

La dueña a menudo les decía a los otros huéspedes que Berni era un hombre muy caritativo. "Ayuda a toda su familia, y delante de mí, le da dinero a cada una, diciéndoles que no duden en contactarlo cuando necesiten ayuda. Qué buen hombre es,"

En la compañía de seguros, Berni rápidamente ganó fama ---no solo por su inteligencia y habilidades de liderazgo, sino también por sus logros notables. Durante una de sus investigaciones sobre los acuerdos de pérdidas para seguros de bienes en mercancía importada, descubrió que la compañía había sido víctima de una estafa multimillonaria.

Esto se convirtió en el tema de una conversación entre Berni y el gerente de la compañía. El gerente le pidió confidencialmente que lo mantuviera en secreto, pero que investigara a fondo, ya que la compañía no quería un escándalo público. Berni le aseguró que estaba seguro del fraude..

La estafa involucraba a un cliente que presentaba documentos con precios inflados para reclamar indemnizaciones más altas. Berni solicitó repetidamente las facturas, y el cliente las envió por error dos veces. Una factura mostraba el precio real pagado al exportador, mientras que la otra, que presentaron para el reclamo de indemnización, mostraba el doble del precio. En otras palabras, si una pieza de automóvil costaba \$5, la factura presentada para reclamar la pérdida mostraría \$10.

La compañía de seguros llegó a un acuerdo con los importadores, quienes reembolsaron al asegurador el dinero en exceso pagado por los daños. La previsión de Berni ayudó a asegurar los intereses del asegurador, y en el proceso, logró obtener permiso para vender pólizas de seguros. Sin embargo, tenía que obtener una licencia de seguros de la Universidad Sena. Para lograrlo, se inscribió en la escuela de seguros y asistió todos los días después del trabajo. Después de 10 meses de dedicación, se graduó con el título "Perfecto en Seguros,"

Los amigos de Berni, con quienes vivía en la pensión, comenzaron a hablar entre ellos sobre su atracción especial hacia las mujeres, pero no podían entender por qué ninguna de sus novias parecía quedar embarazada. Curiosos, hicieron una apuesta sobre quién podría averiguarlo. Berni, en broma, le dijo al amigo curioso que tenía una fórmula secreta que hacía que su esperma muriera inmediatamente, asegurando que no hubiera fertilización. El amigo no lo entendió del todo, pero fingió que sí, y pronto se lo contó a los demás.

No mucho después, una de las novias de Berni lo llamó, anunciando emocionada que estaba embarazada. Alrededor de la misma época, los padres de Berni se mudaban de un pequeño pueblo cerca de la cordillera occidental, llamado Lomitas, a la ciudad de Señora. Allí, compraron una casa y abrieron un negocio de farmacia para su amada hija, Lucila, quien recientemente se había convertido en viuda por la gracia de Dios y de su esposo. Él había sido un famoso enfermero que, como si estuviera acompañado por el Espíritu Santo, una vez decidió quién podía salvar la vida de Gustavo.

Esta situación serviría más tarde como excusa para que Berni engañara a su novia ---la madre de su futuro hijo--- para que esperara a que terminara sus asuntos familiares antes de proceder más.

El enfermero, que había dejado atrás cinco hijos de entre 13 años y tres meses de edad, había luchado por el derecho a trabajar con su pareja en la compañía. Trágicamente, durante un accidente en el trabajo, el enfermero cayó y se golpeó la cabeza. Fue diagnosticado con una fractura de cráneo y murió 10 días después. Esto ocurrió en la isla, donde habían regresado a trabajar después de dejar las difíciles tierras de Chocó, donde nunca habían sido felices, especialmente Lucila, la noble.

Lucila se dedicó a su negocio después de obtener un título en enfermería y ser licenciada por el gobierno. Dona Carmen una vez más sintió un inmenso orgullo al ayudar a una viuda digna ---una viuda especialmente digna: su propia hija.

Berni, sin embargo, estaba evitando sus responsabilidades. Un día, sus padres, que ya estaban al tanto de la situación ---específicamente del embarazo de una de sus novias--- le pidieron que se casara con ella. Lo dejaron decidir, diciendo: "Eres mayor de edad y, como tal, eres responsable de tus acciones. Esperamos que tu decisión se alinee con tu conciencia y tu autoestima,"

Solo habían pasado tres días desde esta conversación cuando la hermosa futura madre del primer hijo de Berni apareció en la puerta, aunque no entró. Estaba solo de tres meses de embarazo y acompañada por su madre y su tía. La joven tenía un cuerpo perfecto, ojos grandes color miel, una boca bien definida y pequeña, una nariz aguileña, cabello negro ondulado y piel blanca. Era respetuosa y frágil, el tipo de mujer sensual que permanecía con los pies en la tierra. La familia comentó sobre cómo y por qué\...

Maria habló suavemente: "Me disculpo por no notificarles de nuestra visita con anticipación, pero quería que su hijo Berni estuviera presente. En la dignidad y el respeto que merecen como mujeres, esperamos que entiendan lo que estamos a punto de informarles y que apoyen mi solicitud," Dona Carmen los invitó a continuar y, sin mostrar sorpresa, los llevó a la sala de estar donde se sentaron. Después de los saludos habituales y una oferta de café, se abordó el tema.

Maria habló de nuevo. "La historia de amor y sueños ha terminado para mí, pero no por mi voluntad, sino por la de su hijo Berni, quien, después de enterarse de mi embarazo, me evita con todo tipo de excusas. Quiero casarme con él, y necesito su ayuda," Dona Carmen, frente a Don Marco, ofreció su pleno apoyo. Lloró con Maria, admiró su belleza, pero dijo

112

que su hijo era libre de elegir si casarse o no, ya que ella ya no tenía autoridad sobre él. Don Marco habló casi las mismas palabras.

Compartieron una experiencia amarga con su hija Luzmila. "Hace mucho tiempo", dijo Dona Carmen, "obligamos al padre de un hijo que nuestra hija llevaba a casarse con ella. Resultó ser el peor esposo del mundo, y nuestra hija se convirtió en la más miserable de todas las mujeres,"

Estoy llegando unos minutos tarde; mi reunión anterior se está extendiendo.

Doña Carmen recordó aquellos amargos días en que su hija fue abusada por "ese hombre sin escrúpulos," Había sido una experiencia aterradora y triste. "Gracias a Dios, los tiempos han cambiado, y ahora vienes a pedirnos ayuda", continuó. "No entiendo por qué los hombres siempre evitan esta responsabilidad, incluso cuando están enamorados. Sé, si esto te consuela, que mi hijo te ama, pero creo que su rechazo se debe a que es demasiado joven y quiere seguir soltero, dada su éxito con las mujeres. O tal vez no se sienta listo para asumir una responsabilidad tan grande como la de ser esposo y padre,".

"Exactamente", respondió María, apoyada por su madre. La tía, siempre menos razonable debido a su fuerte carácter y falta de educación, permaneció en silencio.

Las señoras se fueron, no del todo satisfechas, pero María se sintió muy aliviada porque ahora sabía que Berni la amaba, una duda que la había atormentado desesperadamente en los últimos días.

Berni solo se enteró de todo al día siguiente, ya que había estado en una fiesta.

Apenas 48 horas después, sonó el teléfono en la casa de María, y al otro lado estaba Berni. "Lo siento, María. Por favor, escúchame, no cuelgues," Berni hablaba desde una larga distancia. "Perdóname, admito mi falta de seriedad. Te amo, y como prueba, te invito a venir a la ciudad de Señora para convertirte en mi esposa. He hecho todos los arreglos en la iglesia para nuestra boda,"

María no dijo nada. Había empezado a llorar. "Al, Al", llamó Berni, y María lloró más fuerte. Podía sentir que él estaba allí. La emoción la abrumaba.

Berni le habló como nunca antes, con el corazón en sus palabras. Le había dicho que la amaba antes, pero ahora su voz era más sincera y seria. "Si lo deseas, puedes venir mañana, y nos casaremos,"

María apenas podía creerlo; parecía un sueño. Apenas dos días atrás, Berni se había ido sin despedirse, afirmando firmemente "No", y ahora le suplicaba que se casara con él y le ofrecía una boda en la iglesia. No podía ser real. Simplemente no podía serlo.

Después de una hora de conversación y promesas de Berni, María despertó a la realidad y dejó de llorar. Le dijo que la esperara al día siguiente a las once de la mañana en la estación de taxis en la misma parte de la ciudad.

Berni llegó muy temprano. Desde el auto, vio descender a María. Se veía más hermosa que nunca, vestida elegantemente y ofreciéndole una dulce sonrisa.

Llegaron a la iglesia, donde muchas personas los esperaban, aunque solo asistieron Miryam, la hermana de Berni, su esposo y unos pocos amigos. La ceremonia fue íntima, y después, fueron a una recepción en la casa de la hermana de María antes de partir a su luna de miel. Se amaban de verdad, y cuando hay amor, la pasión surge naturalmente.

Berni regresó a la Sultana. Nadie en la ciudad sabía que se había casado, ni siquiera su conquista más reciente, una hermosa joven de apenas 16 años, con piel blanca, ojos negros, boca sensual, un cuerpo pequeño y esbelto, y un encanto tan extraordinario que todos la adoraban.

Acababa de llegar de La Perla del Otún y había empezado a trabajar en la misma compañía donde Berni llevaba cinco años empleado. En menos de tres meses, lo tenía completamente cautivado con su sonrisa, su mirada y su elegancia. Bueno,

Berni diría con certeza cuando le preguntaban por qué tenía tantas novias, que todas las mujeres tenían algo hermoso..

En el fondo de su corazón, era honesto. Esmeralda era la única que sabía que se había casado, y ambos acordaron mantenerlo en secreto para evitar chismes de sus colegas de oficina y amigos. Esto era principalmente para que la familia de Esmeralda no se opusiera a su amistad continua.

Pero un hombre casado no puede actuar como un soltero, y esto le causó muchos problemas a Berni. A pesar de sus mejores esfuerzos, tuvo que terminar la amistad. Sin embargo, fuerzas extrañas ---fuerzas de sangre, cuidado y tentación--- lo atraían. Parecía como si estuviera maldito por algún hechizo serio, atado por un espíritu para regresar a alguien o algo. Una vez más, Berni se encontró rodeado de novias, amigas y amantes. Lo peor era que todos en la Sultana sabían que estaba casado, pero esto no detenía sus aventuras sexuales, que solo avivaban sus deseos.

Cuando le resultaba difícil ganar el afecto de una mujer, recurría a un truco que siempre le había funcionado. Decía: "Créeme, mi encantadora princesa, me casé solo para dar mi apellido a mi hija, para que naciera dentro de un matrimonio católico, legal, ante Dios y la sociedad. Pero a ella --- refiriéndose a su esposa, a quien amaba inmensamente--- no la amo. Cuando me aceptes, daré todos los pasos para obtener mi divorcio," Con estas promesas, conseguía lo que quería.

Otras veces, las cosas eran más fáciles para él. Cuando estudiaba en la universidad, dejaba su chaqueta en el respaldo de su silla. Después de revisar su ropa para el día siguiente, a menudo encontraba envoltorios de caramelos en los bolsillos de su chaqueta. Llegaba a clase, subía al podio y decía: "La dama que puso los envoltorios de caramelos en el bolsillo de mi chaqueta puede llamar a mi oficina mañana para que tengamos una relación amistosa. Pero si nos entendemos, podría convertirse en una amistad seria. Mi número de teléfono es 007-6969,"

Al día siguiente, cinco compañeras de clase llamaban, todas afirmando haber puesto los envoltorios de caramelos en la chaqueta de Berni.

Berni estaba avanzando económicamente en la compañía de seguros. Además de su salario como jefe del departamento de vehículos motorizados, ganaba el doble en comisiones por ventas de seguros.

También formaba parte del comité de finanzas de una prominente compañía de molienda de café en la ciudad y trabajaba como asesor de una compañía de seguros con oficinas en el extranjero, por lo que recibía un salario.

Esta estabilidad financiera le permitió inscribirse como estudiante de primer año en la universidad, donde, en sus primeros días, hizo cinco amigas ---dos de las cuales se convirtieron en verdaderas amantes. Lo adoraban desde el momento en que lo tuvieron entre sus tareas..

Una vez, hubo una recepción para inaugurar el hotel "Paraíso" en la ciudad. Entre los invitados estaban el rector de la universidad a la que asistía Berni, el alcalde de Sultana, el Dr. Riascccifti y otras personalidades prominentes. De repente, lo felicitaron y comentaron: "Es increíble. Usted, Dr. Gómez, es el único en el mundo y en su nación que logra sentarse en clara armonía para una conversación con su distinguida esposa, su adorable novia y su sensual amante," Berni los miró y simplemente respondió con un "Gracias, mis respetables colegas,"

Berni, el hijo de Doña Carmelita y Don Marco, quien había sido exiliado y borrado de la lista de Monseñor, el Vicario Apostólico de la Isla ---prácticamente expulsado de la casa de su amigo bajo sospecha de tener gonorrea---, ahora era el estudiante más famoso de la universidad. Al principio, dio una conferencia sobre el derecho divino y el derecho positivo.

Habló ante una asamblea llena sobre la creación de Adán y Eva, sus descendientes y sus vidas. Al mismo tiempo, habló sobre el derecho positivo creado por el hombre, refiriéndose a la teoría de Darwin sobre la evolución de las especies.

Afirmó audazmente que la humanidad tendría que aceptar en el futuro que somos una evolución natural de cromosomas, mejorando continuamente para crear una sociedad perfecta sin enfermedades y con una vida más larga..

Con estas nuevas teorías, Berni ganó el apoyo de sus pares. En medio de sus estudios, un compañero lo invitó a dirigir una Gaceta semanal, que duró solo lo que un sacerdote se persigna, ya que fue calificada de "desatino" por la universidad. Después de una conferencia privada, los dos estudiantes, uno en derecho y el otro en periodismo, recibieron la orden de detener la publicación o enfrentar la expulsión. El consejo estudiantil, del cual Berni era miembro, lo apoyó para continuar las publicaciones, pero Berni se negó, temiendo que dividiera a los estudiantes.

Las tensiones ya eran notorias entre los ultraconservadores y los liberales. En una reunión estudiantil, dijo: "Somos los fundadores de esta universidad en esta ciudad, y debemos cuidar nuestra imagen para ganar el apoyo de las autoridades locales con el fin de obtener un edificio,"

En casa, todo era armónico y feliz. Su esposa lo amaba y apoyaba sus muchas empresas. Aunque no la amaba, como a menudo les decía a otras mujeres, tenían tres hijos: la hija mayor, Carmen, nombrada en honor a su abuela; Bernardo Jr.; y Alberto. Eran admirables, y cuando estaban juntos, irradiaban distinción y amabilidad, rasgos a menudo mencionados por los demás. Sus hijos ya destacaban como los mejores estudiantes en la escuela.

Alberto, muchos años después, abriría la puerta a los detectives de la policía de Miami cuando llegaran preguntando por Berni, como sospechoso en el asesinato de su sobrino, quien en ese momento también era el amante de su amada esposa.

Berni también asesoraba a una agencia de seguros de una viuda. Ella no sabía nada sobre técnicas de contratos o ventas, y lo hacía porque recordaba a su madre, Doña Carmelita, y cómo ella se apresuraba a ayudar a las viudas con dignidad en la Ciudad de los Milagros.

En esta oficina, conoció a su futura secretaria dieciséis años con piel del color de las perlas africanas, cabello negro largo, boca pequeña, ojos color miel y un cuerpo delgado ligero como una liebre, tan rápida en su trabajo de oficina como en la vida. Tenía la inteligencia de muy pocas mujeres. Más tarde, cuando Berni se convirtió en ejecutivo con su propia firma de seguros y un equipo de abogados, la contrató como su secretaria personal.

Capítulo 4
La Caída de la Inocencia

Pero una mañana, mientras Berni estaba inmerso en su trabajo diario —liquidando y aprobando pagos de indemnizaciones de seguros—, recibió una llamada de su hermano mayor, el sastre anatómico. Su hermano le dijo que su padre había salido el día anterior hacia la Isla de Cascajal, pero no había llegado. Ya habían pasado 24 horas desde su partida.

Don Marco estaba viviendo en la casa de su hijo después de pelear con su amada negrita, Doña Carmelita. Según lo que Berni sabía, Don Marco se había sentido abandonado por su esposa, quien había estado absorta en sus nietos y en los asuntos de su hija Lucila.

Toda la familia se movilizó, buscando en todas las estaciones de policía de ambas ciudades, hospitales, clínicas y casas de parientes lejanos donde Don Marco podría haberse refugiado. Sin embargo, esto era improbable, ya que siempre era decisivo en sus acciones.

Había mencionado en la casa de su hijo que visitaría a su otro hijo, quien ya no trabajaba con el grupo de policía de inteligencia élite y había estado viviendo en la isla, empleado por la autoridad portuaria. La búsqueda se realizó simultáneamente, y después de 72 horas, se descubrió un cuerpo flotando en el caudaloso río Cauca, cerca de una curva que marca el límite de la Ciudad Agrícola.

El cuerpo era el de Don Marco, el padre de once hijos, a quienes su amada negrita, Doña Carmelita, había criado con profundo amor, respeto y fidelidad inquebrantable..

El cuerpo fue llevado inmediatamente a la mesa del médico forense en La Sultana, y en menos de cinco horas, fue devuelto a la familia para el entierro. Se hicieron arreglos en la ciudad de Señora con la agencia funeraria y la iglesia de San Antonio, ya que la familia era devota y activa en asuntos católicos.

La gente llegó en multitudes, pasando frente al ataúd, muchos llorando, porque esta era una familia distinguida y querida, siempre ayudando a los demás. La farmacia, que había estado abierta al público durante muchos años, se convirtió en el medio más confiable para que Doña Carmelita continuara ayudando a los necesitados.

Parientes y amigos llegaron de La Sultana, la Isla, la Ciudad de los Milagros e incluso Bogotá, todos con intenciones sinceras de ofrecer sus condolencias. Incluso personas de Lomitas y los Estados Unidos, donde vivía su hija Luzmila —la desafortunada que una vez estuvo casada con el lobo— llegaron..

La multitud era tan grande que voluntarios ayudaron a instalar carpas atadas a los techos de las casas al otro lado de la calle, y se alquilaron mesas y sillas. Las señoras del barrio se turnaron para preparar y servir comida a los asistentes. Botellas de aguardiente llegaron a las mesas como maná para el pueblo elegido.

En una esquina de la casa, ya borrachos, se sentaron Arge y Berni. Hablaron y apostaron sobre quién podía recolectar más números de teléfono de mujeres —con la única condición de que no fueran sobrinas. Después de un rato, Berni le preguntó a su hermano si tenía alguna idea de por qué su padre se había ahogado, dado que había salido hacia la isla para visitar a su hermano. Arge, con lágrimas, le dijo: "Nuestro padre se suicidó,"

"¿Qué estás diciendo?", preguntó Berni. "Eso no puede ser,"

"Sí, hermano", respondió Arge. Siempre era el hermano de mayor confianza para Berni, especialmente después de que Berni le escribiera cartas desde el exilio tras el escándalo con su sobrina —la hija de Arge—. "Nuestro padre dejó una carta explicando sus razones y pidiendo perdón a todos por esta decisión,"

"¿Perdón, dices?", preguntó Berni, conmocionado.

"Sí, hermano. Pidió perdón a nuestra madre, a ti por el castigo que te infligió injustamente, a todos nosotros, e incluso concedió perdón a quienes lo ofendieron. Explicó que no dejó la casa porque se sintiera abandonado por nuestra madre, sino porque ella lo expulsó —al igual que te expulsó a ti. Escribió: lo que realmente sucedió es que levantó a su nieta en brazos y le sopló burbujas de aire en el estómago para hacerle cosquillas. En ese momento, madre entró y lo acusó de abusar de la niña. Le arrojó su ropa a la calle y le reprochó: 'Si tienes tales vicios, ¿con qué autoridad castigaste a tu hijo hasta el agotamiento?' —refiriéndose a ti, hermano. Le dijo: '¿Con qué autoridad echaste a Gustavo, haciéndote responsable de su muerte?' Esto es lo que dejó escrito,".

Cuando Arge terminó de hablar, Berni enterró su rostro en sus manos, con lágrimas rodando por su cara. Después de un largo silencio, dijo: "Querido hermano, esta historia me deja confundido y profundamente entristecido. Sabes cuánto amé y aún amo a nuestro viejo. Hacía tiempo que había borrado esos malos momentos de mi memoria, y sobre todo, había perdonado a mi padre, a ti y a todos los involucrados en ese asunto con tu querida hija. Y sé que ellos también me perdonaron. Tú, más que nadie, sabes lo que realmente sucedió. No te preocupes, olvídate de eso; pásame la botella, porque mientras hablaba, tú estabas bebiendo y casi la terminaste,"

Ambos lloraron, bebieron y se abrazaron..

"Siento tanta pena por mi padre", dijo Berni.

"Yo siento lo mismo", dijo Arge. "Pero no creas que tienes mucho de qué quejarte, querido hermano, porque como el menor, no te fue tan mal. Si le preguntas al hermano Adalberto, casi fue asesinado por padre. Y la hermana Miryam también tiene otra historia,"

"Cuéntamelo todo, hermano,"

"Te lo contaré —pero solo si mandas a buscar otra botella,"

"Por supuesto, ¿por qué no? Dame un minuto y la haré aparecer,"

Se levantó, luchando por no caer, y le dio dinero a un sobrino que pasaba por allí, pidiéndole que comprara dos botellas de aguardiente. Cuando otros vieron las botellas en las manos del sobrino, preguntaron para quién eran, y él respondió: "Para mi tío," Lo siguieron, y tres hermosas mujeres vinieron con ellos. Llegaron, tomaron a Arge y Berni de las manos y los llevaron al grupo. Fueron recibidos con aplausos porque el aguardiente ya escaseaba.

Lo que había comenzado como una triste historia del difunto "mono" se convirtió en una reunión de poetas y cuentacuentos, con más de veinte personas participando. Cada uno tomó turnos, mostrando sus talentos. Cuando fue el turno de Arge, hizo una pausa y dijo: "Esta noche puedo escribir los versos más tristes. Escribir, por ejemplo: 'La noche está estrellada, y tiritan, azules, los astros, a lo lejos. El viento de la noche gira en el cielo y canta. Esta noche puedo escribir los versos más tristes. Yo lo quise, y a veces él también me quiso. En las noches como ésta lo tuve entre mis brazos...','"

No pudo continuar; las lágrimas lo detuvieron de terminar el verso más hermoso que conoce la humanidad, creado por el maravilloso poeta Pablo Neruda..

Luego le pasaron otro paño a Berni para que secara sus lágrimas y lo instaron a realizar una de sus recitaciones que lo habían hecho famoso entre familiares y amigos. Una vez había recitado en la primera feria de La Sultana con gran éxito. Pero Berni se excusó, diciendo que con todo el licor que había bebido, no podía coordinar los versos.

Intentó con "Claveles Rojos", luego "Los Valientes" y "El Duelo del Capataz", pero falló. Disculpándose, dijo: "En cambio, los consolaré con una historia que va así: Un joven regresó de la universidad y le preguntó a su padre si sabía de política, porque en clase, el profesor la explicó, pero no pudo entender. Entonces el padre le explicó: En resumen, en nuestra casa, somos la nación. Tu madre es el gobierno que distribuye los bienes y hace cumplir las órdenes. Yo soy la clase capitalista que trae el dinero para comprar lo necesario. Tú, la hija y el bebé son el futuro de esta sociedad. La sirvienta, por otro lado, es el proletariado, los pobres. El chico le agradeció a su padre y se fue a la cama. A medianoche, el llanto del bebé lo despertó, y llamó a su madre, pero ella no oyó, estaba profundamente dormida. Luego fue a la habitación de la sirvienta, pero no

126

abrió. Miró por el ojo de la cerradura y vio a su padre encima de la sirvienta. Al día siguiente, sobre el café, le dijo a su padre: 'Ahora entiendo perfectamente la política. Mientras el gobierno duerme, el futuro del pueblo come mierda y llora por falta de atención, y la clase capitalista, aprovechando la situación, se pasa el tiempo jodiendo por detrás a la clase trabajadora',".

La audiencia estalló en risas, y más personas se unieron al grupo. Berni tuvo que repetir la misma historia hasta que finalmente se durmió en su silla.

Solo tres horas después, Berni se despertó. Arge también se había recuperado de su borrachera; había dormido aproximadamente el mismo tiempo. Se buscaron mutuamente y se sentaron en otra esquina de una de las salas improvisadas. Berni volvió al tema: "Cuéntame todo lo que sabes sobre nuestro padre, hermano. Sea lo que sea, nunca lo olvidaré,"

"Nuestro padre", dijo Arge, "tenía un problema con reaccionar violentamente ante cualquier falta de sus hijos. Nunca podía controlarse. Era tan honesto, limpio, fiel y respetuoso que siempre quería que su familia fuera igual,"

"Eso es cierto", agregó Berni.

"Bueno, entonces", continuó Arge, "cuando nuestro hermano Adalberto tenía solo siete años, tomó cinco pesos del bolso de nuestra madre y los escondió frente a la casa, allí en la Ciudad de los Milagros. Cuando madre se dio cuenta poco después, de alguna manera descubrió que nuestro hermanito era el culpable. Le dijo que padre lo castigaría cuando llegara a casa para almorzar al mediodía. Esto sucedió a las nueve de la mañana, pero el niño estaba tan aterrorizado que para cuando las campanas de la iglesia sonaron al mediodía, había desarrollado fiebre. Exactamente al mediodía, Don Marco llegó, lo llevó al árbol frente a la casa, lo ató y dijo que después del almuerzo, regresaría a colgarlo por ser un ladrón. El niño, abrumado por el terror, desarrolló una fiebre tan intensa que lo estaba quemando vivo. Llamó a sus amiguitos, les dio todos sus juguetes y les dijo que su padre lo iba a matar por robarle a nuestra madre. Cuando vio venir a Don Marco, se desmayó. Tuvieron que levantarlo y llevarlo corriendo al hospital porque estaba severamente deshidratado,".

—No puedo creerlo —dijo Berni—. Creo que estás exagerando. ¡Dios mío, eso no puede ser verdad!

Arge, con un tono gravemente serio, respondió: —Yo viví esa horrible pesadilla, hermanito. Todos creíamos que padre mataría a Adalbertito. Sabes lo serio que era nuestro viejo en todos sus asuntos.

—Sí, por supuesto que lo sé —dijo Berni—. Pero no creo que padre lo hubiera matado. No puedo aceptar ese final. El Señor, mi Dios, no permitiría tales cosas.

Arge —quien había estudiado teología por más de cinco años en el seminario jesuita de la Ciudad Santa antes de ser expulsado por un escuadrón armado de la unidad élite del ejército a petición de sus padres— respondió a Berni: —Dios es todopoderoso en el bien, pero no en el mal. Cuando las personas hacen el bien, Dios les ayuda, pero cuando hacen el mal, Dios no está allí, porque ese camino no es el del Señor. Y Jesucristo nos dijo, después de caminarlo: "Yo soy el camino y la vida,"

—Sí, eso es correcto, hermano. Toma un trago. Pero también es verdad que, gracias a ese ejemplo, ninguno de nosotros volvió a tomar lo que no era nuestro. ¿No es así, querido Arge?

—Sí, lo has dicho. Son lecciones duras, pero nunca olvidadas.

—Bien entonces, mi querido Berni, estás estudiando derecho. ¿Estás de acuerdo con la pena de muerte?

—No, señor, en absoluto —respondió Berni—. Si la pena de muerte fuera el remedio para la delincuencia o el crimen, habría bastado con la primera ejecución para resolver el problema. Pero para ahora, ya deben estar sentando al prisionero número 2.000 en la silla eléctrica, y las muertes en Europa y Estados Unidos son más violentas cada día.

—Entonces, ¿no crees —dijo Arge— que necesitamos la pena de muerte aquí en Colombia?

—No, mi querido hermano. Lo que necesitamos son más escuelas y universidades, más deportes, más amor, y menos ociosidad, licor y sexo.

—A propósito, Arge, ¿cuántos números de teléfono de bellezas tienes?

—Eh, no sé. Déjame ver… —Comenzó a buscar en su libreta.

Los primeros rayos de sol aparecieron en el horizonte cuando su hermana Lilia les trajo una gran taza de café fuerte, diciéndoles que les ayudaría a despejarse. No estaban ebrios, pero habían bebido demasiado.

La mente de Berni se aclaró mientras aprovechaba la oportunidad para preguntarle a Arge si los suicidas podían salvarse. Arge respondió que sí, siempre y cuando la persona se arrepintiera de sus pecados con todo su corazón en el momento del acto y ofreciera su alma a Dios.

Berni se levantó de su silla y fue al reclinatorio al pie del ataúd de su padre. Se arrodilló, lloró y dio gracias a Dios, confiado en que su padre había pedido el perdón adecuado. Se sintió más calmado, y su rostro reflejaba un poco de alegría en medio del dolor. Realmente amaba a su padre.

El último hijo de Doña Carmen y Don Marco fue en busca de su madre. Llegó a su lado, se sentó y le contó lo que su hermano había dicho sobre la salvación. Doña Carmen no estaba llorando —nadie sabía si no le quedaban lágrimas después de llorar por sus hijos, o si la retenía el resentimiento hacia su "mono", a quien había amado como ninguna otra mujer podría haber amado a un hombre—. Ella respondió: —Que Dios lo quiera así.

Doña Carmen llevaba una herida en el corazón que aún no había sanado. Tres semanas antes de ese fatídico día, había estado en la casa de su hijo, hablando con su "mono," En medio de la familia, se arrodilló y le ofreció disculpas por todo lo que había pasado, suplicándole que regresara a su hogar en la Ciudad Señora.

Para convencerlo, le ofreció las llaves de una casa nueva y amueblada donde pudieran vivir el resto de sus vidas sin la influencia ni la compañía de nadie más. Pero esto no conmovió a Don Marco.

Contrario a las expectativas de todos, le dijo a su esposa —la mujer que amaba y aún amaba, la que le había dado once hijos sanos y perfectos y los había criado con devoción— que podía regresar por donde había venido. Ella insistió, llorando, repitiendo que no podía olvidarlo, que lo amaba como siempre. Todo fue en vano.

Don Marco dijo resueltamente no, y desde ese momento, ningún poder terrenal ni divino pudo cambiar su mente..

Después de que terminó la ceremonia de entierro, todos regresaron a sus hogares, excepto algunos de los hijos de Doña Carmen que se quedaron con ella por varios días más. Entre ellos estaba Berni. Al día siguiente, Berni se levantó muy temprano, fue a la cocina, preparó café y, carrying dos tazas, fue a la habitación de su madre.

Al encontrarla despierta, se sentó a su lado, le entregó una de las tazas y, sin preguntarle cómo había dormido, le dijo: —Madre, usted es la viuda con más dignidad del mundo. Doña Carmen rompió en llanto, y Berni la abrazó fuertemente. —Madre, llore todo lo que quiera —le dijo. Y Doña Carmen lloró durante cinco años continuos. Berni se fue la semana siguiente..

Doña Carmen era muy católica, profundamente devota al Sagrado Corazón de Jesús. No podía dormir, pensando que su amado "mono" podría estar entre aquellos que esperaban entrar al infierno. Tres semanas después, fue a la iglesia de San Antonio y esperó al Padre Ramírez. Cuando él terminó sus deberes, fue a encontrarse con la dama más respetada de la Ciudad Señora.

—Pero Señora Carmelita, ¡es usted! Perdone por hacerla esperar —dijo el sacerdote.

—Padre, necesito su ayuda —dijo Doña Carmen. E inmediatamente añadió: —Mi esposo, como usted sabía, era un hombre de gran fe, un hombre muy católico. Pero mi conciencia me atormenta al pensar que podría no haberse salvado al final por su suicidio.

—Respetada dama —respondió el sacerdote—, en Romanos 10:13 dice: "Todo aquel que invoque el nombre del Señor será salvo,"

Inmediatamente, el rostro de Doña Carmen se iluminó, y dando gracias a Dios y al sacerdote, salió apresuradamente de la iglesia, fue a casa y fue directamente a la Biblia para leer el versículo. Todos los días lloraba y leía el mismo pasaje.

Luego leyó Juan 10:9, Mateo 11:28, y día a día aumentó su lectura hasta haber leído toda la Biblia —que, en sus más de setenta años de vida, nunca había leído más de una página—. De esta manera, encontró alivio a su dolor, dejó de sentir resentimiento y pudo dedicarse nuevamente a cuidar de su hija viuda y sus nietos.

El negocio de la farmacia aumentó en ventas, y la prosperidad regresó a la familia..

Los hijos Gómez —los hijos de Doña Carmen— junto con el resto de la familia y amigos, regresaron a sus negocios y trabajos. César, el hijo mayor, el sastre anatómico, ya dirigía una sastrería muy reputada, con clientela que incluía jueces, secretarios, abogados y otros de esos círculos.

Adalberto, una vez un respetado miembro de la Inteligencia Colombiana —quien había entrado al hospital Sultana con un escuadrón de asalto militar élite para proteger al doctor que operó a su hermano Gustavo— se había convertido en un magnate portuario.

Una docena de lanchas rápidas estaban registradas a nombre de su compañía para transportar turistas desde la isla a lugares como "Isla Alba", "Juan el Chaco" y "La Boca de Ana", en el Océano Pacífico, a solo unas millas de la Isla Cascajal. También era el mejor piloto de puerto a cargo de anclar los barcos de carga extranjeros entrantes.

Cometió solo un error en toda su carrera en el puerto: un día, mientras guiaba un barco de 3.000 toneladas con bandera estadounidense para atracar en el muelle, el propulsor inverso no respondió para acercarlo, y el barco derivó hacia el borde. Corrió y sacó la pierna para tratar de amortiguar el golpe.

Fue llevado de urgencia al hospital con una fractura, pero el informe oficial de la Capitanía de Puerto declaró que el piloto, gracias a su inteligencia, había evitado una tragedia mayor..

Arge —el hijo que no se convirtió en Papa de los católicos— ahora era otro empresario. Poseía una flota de camiones que enviaba diariamente a las ciudades de La Sultana y Bogotá con mercancías y equipaje. Además de gestionar una importante compañía de transporte, cobraba cheques dados a los camioneros después de que el banco hubiera cerrado, a cambio de efectivo. Sirvió como presidente del Club de Delfines, de los Tiburones, y era incluso un miembro activo del Club de Sirenas, donde era famoso por su encanto y generosidad con el dinero —tenía una vocación altruista.

Las hijas de Doña Carmen tampoco podían quejarse de su situación económica. Lucila —la hermosa joven "dada" a un enfermero a cambio de su ayuda cuando Gustavo estaba gravemente enfermo en el hospital Sultana— prosperaba con su negocio de farmacia, y había agregado consultorios médicos y una tienda de artículos de limpieza para el hogar.

Por varios años, la tienda había sido gestionada por su propio hermano Jaime, el mismo que una vez la amenazó con un revólver cuando ella lo acusó de robarle. Era tan descarado que abrió un negocio similar a solo dos cuadras de distancia, vendiendo exactamente los mismos artículos que Lucila compraba para su tienda.

Nadie creía la afirmación de Lucila de que su hermano Jaime era un ladrón, porque todos conocían la historia del pequeño Albertico, el niño al que Don Marco casi había ahorcado por robar..

Otro problema que enfrentaba Lucila era que cuando una mujer venía a comprar medicina en la farmacia y coincidía con una de las rondas de Doña Carmen por los mostradores, si la mujer lamentaba ser viuda, Doña Carmen ordenaba a su hija no cobrarle porque las viudas merecían un trato especial. —Pero madre —protestaba Lucila—, no puedo evitar cobrar; me arruinaré. El trato especial debería darlo el gobierno local. Al final, Doña Carmen ganaba, porque empezaba a llorar —recordando a las viudas que había ayudado— hasta que Lucila cedía.

Luzmila se había establecido muy exitosamente en Miami. Era la niña parecida a una muñeca con ojos azules como los de su padre, quien una vez fue engañada por un hombre que el destino puso en su camino, un hombre que se convirtió en su camino de amargura. Solo faltaba la crucifixión, porque la sometió a todos los abusos imaginables. Con una patada en el abdomen, le causó un aborto espontáneo.

Eso acabó con la tolerancia que Luzmila había mantenido por amor. Empacó sus maletas y se fue a Estados Unidos. En ese momento, era muy difícil obtener una visa para entrar al país, y después de muchas citas en la embajada, decidió volar a las Bahamas y luego, en un pequeño avión privado, fue llevada a Miami.

Repitió esta entrada cuatro veces, viajando de regreso para traer a cada uno de sus hijos, hasta tenerlos a todos en EE.UU. El gobierno de EE.UU. no sabe nada de esta gran hazaña..

Sin duda, el día que las autoridades se enteren del heroísmo de la hija de Doña Carmen, su estatua será colocada en el Salón de la Fama junto a grandes figuras de la historia de Estados Unidos, como el legendario George Washington Carver.

Luzmila —otra mártir de un matrimonio "La Bella y la Bestia"— construyó, con su esfuerzo personal, un futuro pacífico para sus hijos.

Pronto, tenía un taller de corte y confección con más de cincuenta máquinas de coser, donde daba trabajo a familiares y amigos que acababan de llegar y carecían de permisos de trabajo —aquellos que se esconden o cambian de dirección al enterarse de que un familiar o amigo de su país está llegando.

A ella le pasó específicamente: al día siguiente de llegar —sin ropa, dinero ni documentos (porque así se cruzan las fronteras por aire, tierra, mar o río)— fue a la casa de la prima de su madre en Nueva York para presentarse, y la prima se negó a recibirla, ofreciendo toda clase de excusas. La dejó en la calle..

No se convirtió en la primera prostituta con licencia en ese país —aunque probablemente le habrían concedido la licencia porque físicamente se parecía a una estadounidense— porque era hija de Don Marco. Si él se hubiera enterado, Dios sabe qué habría pasado. De todos modos, no tenía inclinación por esa vida, pues permaneció divorciada por el resto de su vida y nunca se le conoció con otro hombre —ni siquiera un fantasma, porque para entonces cualquier fantasma sería uno familiar.

Miryam vivía en La Sultana del Valle, adonde llegó desde la Ciudad de los Milagros. Allí, compró una casa para vivir con sus hijos y su esposo —otro diamante mal pulido como el infame Hugo "el Lobo," Tenía una "virtud": era más diplomático en su maldad.

Afortunadamente, la compañía de transporte pronto lo trasladó a trabajar en la Ciudad de la Puerta del Sol, en la costa del Caribe al norte del país. La hija de Doña Carmen se graduó en cosmetología en una escuela de la ciudad y, en pocos meses, abrió un salón de belleza. Trabajaba desde las ocho de la mañana hasta las ocho de la noche.

Su jornada era agotadora pero necesaria porque su esposo —a quien ella misma le había informado que no era el hombre de sus sueños— no enviaba dinero para las necesidades de los niños. Tuvo que asumir la responsabilidad sola, y esto no cambiaría: en el futuro, siempre fue Miryam quien pagaba los gastos familiares, del hogar y del negocio..

Después de Gustavo —el que murió absurdamente, aunque por embriaguez, en un accidente de motocicleta— venía Jaime, quien, después de un tiempo, se convertiría en el pájaro negro del hogar de Don Marco Aurelio. "Este es el rastrillo de hijo", decían sus propios hermanos.

Devota del Sagrado Corazón de Jesús, Doña Carmen creía en la historia del infierno y el purgatorio que hace temer a los católicos tales amenazas, pronunciadas por sacerdotes y pastores. El Santo Padre nunca nombra esos lugares porque sabe que no existen. Pero su hijo Jaime la arrastró al infierno mismo sin que Doña Carmen saliera jamás de esta tierra.

Comenzó a mostrar sus "habilidades de comerciante" saqueando la farmacia de su hermana Lucila. De un día para otro, Jaime abrió una ferretería/tienda de variedades y medicinas a pocas cuadras de la farmacia de Lucila. Su stock era un espejo del de ella —mercancías de aquí, y las mismas de allá..

Una vez, cuando su hermana le gritó "¡ladrón!", Jaime fue a casa, tomó un arma del cajón de dinero de su tienda y regresó a la tienda de ella. No había cura para Jaime. Más tarde, causaría aún más sufrimiento y deshonra a su familia. Más adelante, sabrás cuándo, dónde y cómo llegó esposado a una prisión "gringa" en Houston, Texas —el destino más temido para cualquier colombiano.

El arma era un revólver calibre .38 largo. Jaime llegó a la tienda de su hermana y, viéndola desde la puerta, le apuntó con el revólver, con intención de disparar —pero afortunadamente, Doña Carmen se interpuso frente a Lucila. Cuando Jaime vio a su madre, se arrepintió y guardó el arma de nuevo en su cintura. Inmediatamente desapareció de la vista de su familia y de los clientes presentes.

Pocos días después, apareció una demanda en el Juzgado de Circuito de Buga —la Ciudad Señora: Jaime Gómez vs. Lucila Gómez, solicitando el pago de prestaciones laborales, bonos, horas extras, compensación por calumnia, difamación, sufrimiento moral y otros costos, como honorarios de abogado y costas judiciales. También pidió al tribunal que ordenara a la Sra.

Lucila pedir públicamente perdón a su hermano por haberlo llamado ladrón..

Marco Jr., el noveno hijo de Don Marco y Doña Carmen, sería el único —el único— que no causaría sufrimiento a sus padres. Tranquilo, humilde, obediente, honesto —pero lento para pensar— lento en todo. Solo veía hasta la punta de su nariz, no por ceguera sino por falta de interés. Su hermana Lucila —que tenía más corazón que mercancía en su tienda— le regaló una casa en Alto Bonito, en la Ciudad Señora de Buga. Este joven tenía tanta suerte —o era tan bendecido por el Señor Jesucristo, quien una vez dijo: "Bienaventurados los pobres de espíritu, porque de ellos es el reino de los cielos,"

Marco Jr. poseía una de las mayores riquezas: su familia. Su esposa trabajaba para cubrir los gastos del hogar, y sus hijos lo amaban más que incluso su propia hermana Lucila, quien le había dado la casa para vivir con su esposa e hijos. Sus tres hijos —un niño y dos niñas— demostraron cuánto amaban a su padre cuando, un día, mientras los sentimientos nobles eran desplazados por intereses materiales, hicieron una huelga de hambre contra su madre en favor de su padre.

Marcos el carpintero —calmo, amable y dispuesto— honraba su oficio a pesar de ser un pobre trabajador cuando se trataba de lidiar con la madera. A pesar de todas esas buenas cualidades, no puede ser llamado un hombre fiel. Ninguno de los hijos de Doña Carmen fue fiel a sus esposas. Dicen que la manzana no cae lejos del árbol, pero estos hijos negaban ese adagio, porque Doña Carmen y su "mono", su esposo, fueron la pareja más fiel de todos los tiempos.

Lilia era la última hija de Doña Carmen, nacida once meses antes de Berni, el menor de todos. Toda la familia reconocía que era la que más se parecía a Doña Carmen en rostro y figura —aunque en otros aspectos, en absoluto. Era lenta, sin aspiraciones ni ambición. Su juventud pasó sin nada especial, y se casó con un hombre que pensó que amaba.

Pero con el tiempo, después de darle cinco hijos, se dio cuenta de que no era a él a quien amaba, sino a otro. Siempre llegaba tarde a todo. Era tan lenta que ya reconocía que amaba a otro —pero aún no recordaba su nombre. La invitaban a una boda y llegaba cuando la pareja ya tenía a su primogénito.

No tenía profesión conocida, y como sus tías paternas, se sentaba a una mesa a jugar cartas y olvidaba levantarse para ir a la cama —pasando día y noche sentada..

Tan despreocupada e desinteresada era que viajó a Estados Unidos, y en lugar de trabajar —como hace todo inmigrante— se sentó a jugar cartas. Después de Lilia nació Berni, el último de los hijos, en el hogar. Todos ellos eran perfectos.

Desde que los mayores eran niños, esta familia era muy admirada por la gente y sus vecinos. Sus padres siempre estaban orgullosos de ellos. Cada uno tenía su propio carácter, y nadie era como el otro —en nada, bueno, casi nada. Porque cuando se trataba de perseguir mujeres, eran similares —ya fueran solteros, casados, viudos o separados, no había obstáculos para ellos. Por supuesto, eran muy diplomáticos —discretos y callados en acción— y esto facilitaba sus conquistas. Y fueron muchas.

Una vez, cuando vivían en la Ciudad de los Milagros, celebraron las festividades del 12 de octubre —Día de la Raza y fundación de la ciudad. Con la ayuda de algunas damas, Doña Carmen disfrazó a todos sus hijos: a los mayores como parejas casadas y a los menores como sus hijos.

La singularidad del desfile radicaba en que la mitad de la familia era de piel clara y la otra mitad de piel oscura, mezclados entre sí —de piel clara con "hijos" de piel oscura, y viceversa. El grupo se llamaba "La Familia Castañeda", una réplica de otra familia que había llegado años antes de la Vieja Antioquia.

Ese día, ganaron el primer premio en una sola presentación en la celebración del Country Club. Desde ese día, la familia Castañeda fue revivida por la familia Gómez como un retrato vivo..

De ese evento surge el hecho de que todos ellos podían fácilmente interpretar el papel de actores. Entre ellos, podías ver a César, Adalberto, Arge, Miryam, Jaime y Berni. César renunció al licor por amor a su esposa —y de rodillas le rogaba que le comprara una botella, porque el amor debe purificarse con aguardiente.

Adalberto le prometía a su esposa cada fin de semana que dejaría de beber, y ella nunca lo dejó porque siempre esperaba ese fin de semana. En uno de esos actos teatrales, César convirtió su interpretación en una tragicomedia. Muchos años después de su muerte, nadie podía entender aún por qué terminó sus días de esa manera.

Cada uno de los hijos de Doña Carmen escribió una página trágica en la historia familiar. Nadie sabe qué destino fatal tuvo que vivir Doña Carmen, ni por qué. Ella nunca fue a buscar a una adivina para que le echara las cartas o para que la "limpiara," No creía en adivinas y se negaba a desvestirse para aquellos que realizan "limpiezas,"

Cuando las amigas la invitaban a tales consultas, respondía orgullosa, como devota del Sagrado Corazón de Jesús: "Solo Jesús conoce el futuro, por gracia divina,".

Doña Carmen se culpaba a sí misma por su destino debido al error de haber dejado su amada Ciudad de los Milagros. No recordaba que había sido obligada por su esposo para evitar una tragedia familiar. Su esposo, "el Monito", se había salvado de ser asesinado por los liberales.

Para ella, Cali era el infierno, aunque aún no sabía que Cali —la hermosa "Sultana del Valle"— era llamada la Sucursal del Cielo. En verdad, la gente no vive tan felizmente ni siquiera en el Cielo: comen deliciosamente, disfrutan del clima y el viento, y la gente no está muerta. Todos van a trabajar y a la escuela o universidad, disfrutando de la camaradería y el amor al prójimo.

La riqueza de su gente es la familia que aman por encima de todo..

En efecto, habían huido de Armenia, la capital de Quindío (antes un departamento de Caldas), por temor a los liberales que recorrían las calles cazando conservadores para matarlos en venganza por la muerte del doctor Jorge Eliécer Gaitán, candidato a la Presidencia de la República de Colombia por el

Partido Liberal. Don Marco nunca permitió que un liberal entrara a su casa, y por esa razón, sus hijas se quedaron sin pretendientes, ya que la mayoría de la población de Armenia eran liberales —sí, "rojos", pero de los buenos, porque el mal no tiene color político.

En los movimientos guerrilleros, pandillas, grupos subversivos, crimen organizado, terroristas y otros, no reclutan solo a liberales; todo tipo de personas se unen a ellos —experimentados o no— como los niños que obligan a ingresar a sus filas. Nadie les pregunta a esos niños a qué partido pertenecen. Hoy en día, estos grupos criminales tienen en sus filas a ambos tipos —comunistas, socialistas, liberales, conservadores, verdes, azules o blancos. En los grupos de cuello blanco, no importa a qué partido sirvan; solo importa su ambición desmedida por poder y riqueza.

Berni estaba de vuelta en sus clases universitarias, habiéndose inscrito cuando se inauguró la facultad de derecho en La Sultana. Para ello, tuvo que moverse rápidamente de antemano, leyendo las leyes y la Constitución —o "Carta Magna", como se llama la ley suprema de Colombia— para llegar preparado a la entrevista con los distinguidos abogados fundadores de la ciudad.

Estando preparado, la entrevista fue fácil de pasar.

Ese mismo día, el entrevistador le preguntó quién escribió el libro Veinte poemas de amor y una canción desesperada, y Berni respondió: —Fue el Nobel Pablo Neruda—, y el doctor lo corrigió: —Deberías decir 'es'—, a lo que Berni añadió: —Fue, y lo lamento, porque hoy ese gran poeta, nacido como Neftalí Ricardo Reyes, chileno, ha muerto —el 23 de septiembre..

La tentación que representaba su secretaria —de solo 17 años— la apartó hojeando página tras página las obras de Aristóteles, Maquiavelo, Voltaire, Marx, Engels, Mao y muchos otros. En un taller de estudio con varios compañeros, obtuvo fácilmente las mejores calificaciones en sus cursos.

Capítulo 5
El Accidente

Berni estaba demasiado ocupado para ceder a sus infidelidades; las mujeres lo rodeaban, pero él intentaba ignorarlas. Se estaba convirtiendo en un hombre fiel sin pretenderlo, y en un buen esposo sin darse cuenta. Se estaba volviendo un estudiante renombrado y aparecía en el Tribunal Penal con facilidad, como el mejor abogado penalista. Fue invitado a participar en el tribunal para casos importantes de prisioneros.

Berni quería entender por qué sus padres —o más bien su padre— era un conservador ("godo") de pura cepa. Quería dominar la política no solo a nivel nacional, sino internacional. "¿Qué es un gobierno cristiano-demócrata? Tengo que saberlo", se decía, sentado en los bancos fuera del claustro de su universidad.

¿Por qué su amigo, el sacerdote llamado Camilo Torres —como el héroe de la independencia— se unió a las filas del M-19, si era católico, apostólico, romano, lleno de fe? Berni buscaba respuestas y leía con sed de conocimiento: libros de filosofía, política, derecho, introducción a la jurisprudencia y ciencias sociales.

¿Por qué un presidente ordena la masacre de las mismas personas que lo eligieron, solo por salir a las calles a protestar?

147

¿Por qué ordenan el asesinato de un presidente solo porque su gobierno está del lado del pueblo? ¿Por qué el candidato del momento promete paz y, una vez elegido, ordena la guerra? Berni tenía que resolver todas estas preguntas.

Su compañero de clase —más tarde abogado graduado— el doctor Rojas lo invitó a las oficinas del doctor Carlos Holguín Sardi, ya gobernador del Valle del Cauca, para unirse al Partido Conservador, con la oferta de ser colocado en el segundo puesto junto al doctor Rojas para un escaño en el Concejo de Cali. Berni les agradeció la oferta, pero no aceptó un lugar en la lista del concejo para Cali, la Sultana del Valle.

En los foros abiertos organizados en la Universidad Libre de Colombia, habló sobre la necesidad de crear una junta estudiantil que se comunicara con el gobierno de cada período para asegurar reformas a la política, los tribunales y las leyes. "Tenemos que abolir la pena de muerte que usan algunos países, porque no sirve de nada. En Estados Unidos, por ejemplo, ejecutan a un prisionero después de que ha pasado toda una vida en prisión, y la tasa de homicidios y asesinatos no disminuye. Debemos abogar por reformas constitucionales para acabar con el fanatismo entre partidos, porque es un fanático quien causa la muerte de un candidato. Un fanático religioso es quien ordena la muerte de otros que no comparten su religión o credo. Recordemos —dijo— la exterminación de cristianos a manos de fanáticos católicos en la Iglesia del siglo

148

XVI, y también de cristianos contra católicos. Por otro lado, hay crímenes de fanáticos deportivos que matan a alguien en un estadio porque su equipo pierde el partido. Debemos lograr que los gobiernos resuelvan estos problemas,".

Los estudiantes se reunieron y crearon un consejo estudiantil. Berni fue nombrado miembro del consejo estudiantil de la Universidad Libre de Colombia en Cali.

Muchos años después, cuando tenía una columna en el Nuevo Herald, Berni escribió un artículo titulado "Testimonio de un fanático", fechado el 19 de octubre de 1994. En el artículo, explicó que el fanatismo es una pasión ciega, un sentimiento sordo nacido de una creencia, opinión o dogma, que no acepta cuestionamientos ni discernimiento de otros. Citó a otros fanáticos famosos como Pablo Escobar y Al Capone, quienes eran fanáticos del dinero.

Años más tarde, Berni escribió cartas a presidentes de Estados Unidos, pidiéndoles que hicieran las reformas necesarias para un buen gobierno. Recibió cartas de respuesta de figuras conocidas como Bill Clinton (14 de octubre de 1994), Barack Obama (17 de junio de 2013) y el famoso Donald Trump (4 de agosto de 2025). A este último, le envió una propuesta de reforma migratoria en nombre del pueblo estadounidense. Berni, como su padre Don Marco Aurelio, no andaba con rodeos.

Para entonces, Berni ya estaba en su cuarto año de la facultad de derecho y trabajaba diligentemente en su práctica legal. Presentó al público y a sus futuros clientes una oficina de abogados bien decorada, compartiendo el espacio con otros profesionales del derecho.

Una tarde, una distinguida dama llegó a su oficina, con el rostro reflejando angustia y confusión. Se presentó y explicó que tres días antes había perdido a su amado esposo. Quería que él manejara la acción de sucesión y la liquidación de los bienes conyugales.

Berni pensó inmediatamente en su madre y, explicando que tenía una clínica legal pero aún no podía ejercer, ofreció ayudarla hasta que el caso estuviera terminado. Sin embargo, requeriría la firma de un abogado titulado. Ella no puso objeciones y estaba muy agradecida.

Luego, le mostró los documentos que tenía: pagarés, títulos de dos minas de carbón, escrituras de edificios y casas, documentos de vehículos, estados de cuenta, notas bancarias y muchos otros registros. Mientras esto sucedía, Berni le sirvió un refresco, pero la dama preguntó si tenía algún licor porque estaba muy nerviosa. Berni le sirvió un brandy y un vaso de leche..

—Bébalo e intente relajarse, señora —dijo—. Todo aquí está muy claro y en orden. No veo obstáculos para una presentación rápida para que pueda comenzar a disfrutar de todos sus bienes.

—Tengo mucha confianza en usted y he oído muy buenas cosas sobre su trabajo —dijo ella.

Berni se levantó, se acercó, tomó su mano y la besó, agradeciéndole sus palabras. En ese instante, le dio la vuelta a su mano y, mirando su palma, dijo suavemente: —Su palma está muy claramente marcada. Se puede leer fácilmente. Aquí está su futuro, su pasado, su vida, sus amores.

La señora Adais Arango, con una sonrisa coqueta en los labios, preguntó: —¿También sabe de quiromancia?

—Oh, sí, mi respetada dama —respondió Berni—. En sus manos suaves y hermosas, puedo leer las emociones del corazón, sus amores felices, su gran inteligencia, su vida. En esta profesión, uno estudia a Platón, Sócrates, Aristóteles y otros que aceptaron en la filosofía la influencia de las estrellas en la vida de las personas.

—Por favor, lea todo lo que dice ahí —dijo la dama emocionada.

—Bien, esta línea muestra que su vida será larga, y el mayor revés ya lo ha pasado. Conocerá a personas muy importantes y famosas. Resolverá fácilmente algunos problemas poco claros, aparentemente con hermanos o empleados. La línea del amor

151

muestra varios, pero uno muy especial y apasionado que parece corto, y otro amor que es más largo, serio y duradero.

Ella escuchaba atentamente. Berni la miró a los ojos y vio su ansiedad y emoción. Le sirvió otro brandy, pero ella le pidió que la acompañara en un brindis. Continuó: —Puede ser que tenga más hijos, y los dos que tiene ahora serán muy felices.

Sonó el teléfono, y Berni se levantó para contestar. La señora Arango estaba asombrada por lo que había oído y, frotándose el rostro, dijo: —Qué maravilloso. Lo que dice es cierto. Doctor, necesito que siga leyendo mis manos, pero es hora de que vaya a la mina a cerrar.

—No se preocupe, podemos continuar otro día —respondió Berni.

—No, por favor, debe ser hoy. Venga conmigo a la mina, cerraremos, luego iremos a mi casa y lo invitaré a tomar algo.

Salieron juntos, llegaron a la mina donde varios empleados estaban esperando, y ella entregó las llaves para cerrar. De regreso, le dijo a Berni que la llevara a un lugar tranquilo, porque en su casa podrían estar esperando personas para ofrecerle condolencias por la muerte de su esposo. Berni estuvo encantado de acompañarla y, en el camino, recordó a su madre diciendo que ayudar a una viuda vale más que ayudar a tres personas más.

Cada uno condujo su propio coche y estacionaron en un lugar boscoso dentro de la ciudad, en el sur de La Sultana. El lugar era simplemente hermoso, con árboles y plantas tropicales que no se veían en ningún otro lugar. Las parejas iban allí para hablar de su destino y su futuro.

Cada pequeña cabaña estaba estratégicamente ubicada para que no se pudiera ver a los ocupantes de otra ni escuchar su conversación. La música era ambiental, dejando espacio para los sonidos naturales y el canto de los pájaros. Berni encendió el radioteléfono y pidió una botella de aguardiente "con todos los acompañamientos", añadió, dirigiéndose al hombre que respondió.

Berni continuó leyendo sus palmas, y entre fragmentos de noticias y preguntas, tomaron un trago, luego otro, y otro más..

Un rato después, habían perdido la noción del tiempo. Comenzaron su romance y, entre beso y beso, se deslizaron por los rincones donde solo llegan los amantes, hambrientos de pasión y sexo. No se dieron cuenta cuando una de las leyendas de la línea del amor se estaba cumpliendo. Las personas se parecen a la tierra donde viven, y en efecto, esta mujer era tan hermosa como un diamante aún sin pulir. Solo el calor de la pasión de Berni, a 900 grados Celsius, podía derretirla.

Tres días después, la respetable y distinguida dama llamó nuevamente para solicitar una nueva cita.

Berni, el mejor estudiante de su período en la universidad, estudiaba un caso y, de inmediato, se le ocurría el alibi que salvaría al acusado. Luego, ante el jurado, usaba toda su astucia para argumentar dentro del mismo caso, sin salirse de los parámetros del supuesto crimen, los fundamentos necesarios para convencer al jurado de que su cliente no era responsable de lo que se le acusaba.

El día después de recorrer las minas de carbón con la viuda, otra dama lo perseguía y lo llamaba para que esperara. Él lo notó y se detuvo. Allí, frente al Teatro Bolívar, la mujer lo abrazó y le dio un beso. El doctor Gómez no pudo hacer nada para evitarlo debido a la sorpresa del acto.

—Por favor, dígame, señora, ¿a qué debo un saludo tan expresivo y agradable? —preguntó.

Ella respondió: —Doctor, usted salvó a mi hijo de la prisión donde estuvo por dos años. Mi descendiente, de hecho, mi único hijo, está libre hoy gracias a Dios y a usted.

—¿De quién habla, señora? ¿Cuál es su nombre? —preguntó.

—Mi nombre es Digna Romero. Soy viuda y madre de Aristóbulo Romero, el joven que defendió en el tribunal —dijo, añadiendo—: No tengo cómo pagar sus servicios, pero estaré eternamente agradecida.

—Señora, no me debe nada. Déle mis saludos a su hijo —dijo.

El destino de Berni estaba sellado. Las viudas lo buscaban como abejas al polen.

El doctor regresó a su oficina y comenzó a recordar el caso. En el balneario Meléndez, a orillas del río del mismo nombre, había ocurrido una tragedia muy grave unos dos años antes. Un joven había llegado allí con su novia y su madre en busca de un poco de ocio. Cuando fue a buscar la cocina del lugar, tuvo que cruzar un largo trecho.

A mitad de camino, en medio de la pista de baile, un hombre se acercó tambaleándose hacia él, llevando una bandeja llena de empanadas. Chocó con el otro, y las empanadas cayeron al suelo. El hombre ofendido lo insultó, gritándole "hijo de puta" al joven que había llegado apenas cinco minutos antes.

El joven se disculpó y dijo que pediría otra ronda, pero el borracho enfurecido se lanzó sobre él y, como estaba ebrio, ambos rodaron por el suelo. En la lucha, las botellas cayeron y se rompieron en pedazos. Después de unos minutos, tal vez cinco, uno de ellos se levantó, pero el otro —el que quería resolver el incidente a puñetazos— no pudo levantarse.

"Déjenlo ahí, está borracho", dijeron algunos. "Está haciéndose el tonto", gritaron otros. El hombre nunca logró ponerse de pie. Se desangró por una arteria cortada. El otro ni siquiera pudo sentarse, porque después de dejar a sus compañeros en la mesa, se fue en busca de su destino. Al día siguiente, fue acusado de asesinato en primer grado.

Enfrentaba una sentencia de 25 a 40 años cuando el doctor Gómez tomó su defensa..

También recordó haberle dicho al jurado lo siguiente: "Honorables y respetables miembros de este jurado, el evento que nos trae a este tribunal hoy demuestra una vez más que nosotros, es decir, ustedes, el gobierno, la sociedad y yo, somos los verdaderos responsables del asunto que tenemos ante nosotros. El acusado es inocente, y nosotros deberíamos estar en juicio. Mi cliente es otra víctima más del fracaso en educar a nuestros conciudadanos. Estoy convencido, como lo estarán al final de mi declaración, de que si llevamos a todos a la escuela, estos casos lamentables no ocurrirán, o no tendremos que vivirlos en nuestra sociedad. Seguramente nada habría pasado si estos eventos hubieran ocurrido en uno de los clubes de nuestra ciudad, San Fernando o Club Colombia, por nombrar algunos, donde se reúnen personas educadas y cultas. Lo mismo ha pasado en esos lugares, pero no hay muerte. Los involucrados se disculpan, luego van juntos a la cocina a repetir el pedido, y tal vez el responsable paga por ello, pero nunca recurren a la violencia, y ciertamente no al trágico resultado de la muerte de ese joven, José María Morates. Era un hombre que se emborrachaba y, una vez intoxicado, amenazaba a los presentes dondequiera que estuviera. Los

156

testigos dicen que siempre parecía peligroso. Era uno de esos que, como dice el poema, 'hombres valientes que beben sus copas y las salpican con sangre; valientes para hacer de un cuerpo una cáscara, pero amargos para el trabajo en el surco, para levantarse al amanecer'. Todo ese machismo, esa disposición para pelear, las drogas, la embriaguez y el resto, provienen solo del hecho de que tales individuos no asistieron a la escuela. Esa es la responsabilidad de los padres, la sociedad y el gobierno,".

"La Constitución de Colombia, la carta de leyes más hermosa jamás creada por la inteligencia humana, establece que todo colombiano tiene derecho a la educación gratuita. Por supuesto, ofrecemos educación primaria, pero la secundaria y la universitaria deben pagarse, y muchos no pueden costearlas. El resultado es una inmensa mayoría de jóvenes abarrotando la fuerza laboral, y algunos abarrotando las prisiones en el mejor de los casos, porque los demás, desafortunadamente, terminan en cementerios. Qué pena siento por esa víctima y por aquellos que en este mismo momento se dirigen a sus lugares de descanso final; qué pena siento por ese joven que está sentado allí esperando su sabia decisión de declararlo inocente. Qué pena siento por esas madres, porque ambas eran madres de un hijo único. Coincidentemente, el acusado es hijo único y mantenía a su familia, mientras que la víctima, también hijo único, era mantenido por su madre. Era un ocioso conocido, familiar para las autoridades de su vecindario. Pero su desafortunada madre nunca dejará de llorarlo día tras día por eso,".

El portavoz de la defensa, el estudiante de derecho y criminología, el hijo de Doña Carmen, añadió: "Los protagonistas del evento que tenemos ante nosotros no portaban armas en el momento del incidente, ni antes, como dicen los testigos. Esto fue un accidente desafortunado y trágico. Sí, uno murió, pero podría haber sido el acusado. El fallecido murió porque perdió toda su sangre por el corte que sufrió de uno de los muchos fragmentos de botella que estaban esparcidos en el suelo. Ninguno de los testigos vio al acusado sosteniendo algo en sus manos —nada que se pareciera a un cuchillo, una botella o un pedazo de vidrio,".

El doctor Gómez pidió al jurado que declarara a su cliente inocente, ya que había actuado en legítima defensa de su vida.

Fue la madre del joven quien corrió tras él en la calle para decirle que Dios le pagaría por haber ganado la libertad de su hijo, y le dio un beso de agradecimiento.

Los hijos de Doña Carmen se estaban reubicando. Estos ajustes se vuelven necesarios a medida que sus hijos crecen. Algunos se mudaron a otro lugar para mejorar sus ingresos, otros para fortalecer sus redes de amigos, y el resto se vieron obligados a moverse por trabajo o traslados —a veces para continuar estudios universitarios.

El único que nunca cambió de dirección fue el mayor, el sastre anatómico. Desde el día que se casó, fue a vivir a la Sultana del Valle, en la misma casa, la misma cama y la misma silla que usaba para sentarse a coser. Colocó esa silla en la entrada de la tienda durante cincuenta años seguidos sin faltar un día, desde las siete de la mañana hasta las siete de la noche.

No persistía por amor al trabajo, sino por amor al chisme. Con su dulce y amigable saludo, hacía que cualquiera que pasara se detuviera, y con los trucos de un gran intérprete, sacaba toda la información que quería saber. Ni el alcalde ni el inspector local podían saber tanto sobre la gente y la ciudad como César..

Los demás ya habían cambiado de residencia. Adalberto regresó a la Ciudad de los Milagros después de ser puesto en discapacidad por el puerto tras una cirugía de colon que lo dejó con una colostomía —que él, en broma, llamaba "colon-tomía," Siguió viviendo allí, viendo crecer a los hijos de sus vecinos, porque había echado a sus propios hijos a la calle cuando aún eran casi niños.

Tenía menos paciencia que su padre —quien una vez esperó hasta el mediodía para colgarlo de un árbol por robarle a su madre, pero lo perdonó cuando se desmayó. Adalberto no dejó que sus hijos volvieran a la casa, simplemente porque el mayor era drogadicto, el segundo alcohólico, y la niña mostraba una tendencia hacia el lesbianismo.

La gente decía que lo que le estaba pasando era un castigo de Dios.

"Bendita sea la ignorancia de algunas personas", respondía Berni —que era menos un castigo de Dios que el daño que él mismo le infligió a Olga, y por qué debería ella sufrirlo, si era la mujer más amable y santa de la región? Su esposa, Olga —la madre de los niños— siempre había sido una buena madre, después de ser una buena hija, y la mejor esposa.

Se dedicó de tiempo completo a cuidar a su esposo después de su cirugía por cáncer de colon rectal. Sabía que su amado "tocón", como siempre lo llamó, nunca más podría tener relaciones sexuales con ella. Terminó quedándose sorda, pero ese problema no le impidió escuchar la palabra de Dios. Se convirtió al cristianismo..

Argemiro se mudó a la Capital de la Música, Ibagué. Sus hijos estudiaron en las mejores escuelas de la ciudad y estaban bien preparados para entrar a la universidad por la puerta grande. Pero el destino le tenía reservado un mayor sufrimiento a causa de uno de sus hijos, quien, como más tarde experimentaría su hermana, pasó por una crisis. Años después, ese amado hijo le causaría el mayor dolor de todos. Luego regresó a la Sultana y más tarde a la Isla Cascajal, siempre con sus hijos —solo se separaba de ellos para ir al baño.

Lucila estaba prosperando económicamente, gracias a la rentabilidad de su farmacia. Tenía el mejor surtido de la zona y ofrecía el mejor servicio.

En Estados Unidos, Luzmila estaba feliz, pero comenzó a notar que sus hijos —"el Chino" y Hernán— iban y venían de Nueva York, llevaban dinero y armas, y sostenían reuniones privadas pero importantes con "amigos," Esto la preocupaba profundamente, y no podía entender por qué la gente decía que estaban involucrados en el negocio de las drogas. "Es injusto que la familia diga eso de ellos", insistía. Como cada uno de los hijos de Doña Carmen —y del ahora fallecido Don Marco—, Luzmila sufriría una grave tragedia con sus dos hijos que dejó una herida en su corazón por el resto de su vida.

Otra hija, llamada Libertad, regresó a la Ciudad de los Milagros al día siguiente de la muerte de su madre. Ella y su esposo criaron a sus amados hijos allí. Ganaron un boleto en una lotería oficial en la Sultana —siendo los únicos en obtener algo de esa "maldita ciudad", como la llamó Doña Carmen cuando oyó la noticia.

Su resentimiento venía de haber ido, en su angustia por salvar la vida de su hijo Gustavo, de iglesia en iglesia buscando el Sagrado Corazón de Jesús —y no encontrarlo.

Además, en la Ciudad de los Milagros, ella era Doña Carmen, conocida y amada por toda la sociedad —desde el liberal más acérrimo hasta el conservador más distinguido, desde el alcalde hasta el inspector de estación más reciente, desde el panadero hasta el peor carnicero, desde el obispo hasta el cura párroco. En la Sultana, solo era "la señora de la esquina,".

Lilia —la niña-mujer que se casó con un hombre tan encantador como pobre— estaba impulsando a sus hijos en la escuela, mientras su esposo trabajaba a plena capacidad para una empresa de distribución de electrodomésticos, de la cual más tarde fue despedido por haber violado las normas morales y las buenas costumbres de los japoneses (empresa/comunidad).

Jaime dirigía su tienda de artículos varios y competía con su propia hermana a solo 300 metros de la farmacia de Lucila, la viuda.

Jaime conseguía mejores descuentos en la mercancía porque salía a tomar con los representantes de ventas de la Droguería Humanitaria, mientras que su hermana ni siquiera podía permitir que los vendedores le tomaran la mano, porque allí estaba el ojo vigilante de Doña Carmen repitiendo: "Solo te muestran amor por el dinero que tienes,"

Lucila sabía que eso era en parte cierto, pero también lo era que habían pasado más de veinte años desde su último encuentro sexual con su esposo —dos semanas antes de que muriera, de hecho— porque el tonto trabajaba turnos dobles, y cuando su esposa regresaba de su baño perfumado, lista para la intimidad, su hombre yacía en la cama como un cadáver..

Aurelio era el hijo amado de Doña Carmen —pero no porque fuera el mejor hijo, porque ninguno lo era. Más bien, era lento para pensar, lento para decidir y lento para actuar. Nunca miraba más allá de la punta de su nariz —no por ceguera, sino por falta de iniciativa. Carpintero de nacimiento, pero un pobre trabajador cuando se trataba de madera.

Sin embargo, comparado con muchos de sus vecinos, era el más honesto y trabajador. Tenía tres hijos maravillosos, muy humildes y de buena voluntad. Sus hijos están en el Libro Guinness de los Récords por ser los que más amaron a su padre —nadie ha ofrecido, ni ofrecerá jamás, tanto amor a un padre como ellos lo hicieron.

Una de las muchas pruebas que lo respaldan es que cuando su madre arrojaba la maleta y la ropa de su padre a la calle y cambiaba las cerraduras de la puerta para que no pudiera entrar a su propia casa a la hora de la cena, los hijos hacían una huelga de hambre y dejaban la comida en la mesa, declarando que no probarían bocado hasta que invitaran a su padre a regresar.

No lo hicieron solo una vez, sino tantas veces como su madre arrojaba sus cosas a la calle. Y lo más sorprendente es que siempre supieron que la expulsión de su padre se debía a su propia irresponsabilidad —el amado hijo de Doña Carmen. Esas huelgas de hambre incluían un mar de lágrimas derramadas por todos ellos..

Este caso se hizo muy conocido y ampliamente comentado, y la gente decía que la esposa de Aurelio era la única que se permitía el lujo de cerrar la puerta a su esposo —porque las otras nueras de Doña Carmen, por el contrario, cerraban sus puertas para evitar que sus esposos salieran. "Espero", dijo Doña Carmen, "que nunca se les ocurra a Dalilita, Noelia, Olguita o María Eugenia echar a mis hijos, porque no volverán,"

Berni, el menor —el "niño", como lo llamaba Doña Carmen— estaba en la cúspide de sus poderes. Trabajaba, estudiaba, bailaba, sostenía reuniones de negocios; iba y venía, cumpliendo con cada compromiso —con todos, y especialmente con sus amigas. Destacaba en su vida social.

Era difícil entender cómo también manejaba su hogar y a sus hijos: tres vástagos preciosos, impecables en sus estudios, sus juegos y sus sanas aventuras. Eran niños muy felices —y sus padres también. Pero un día, mientras todos estaban sentados a la mesa comiendo juntos, Berni notó algo extraño en el ojo derecho de su hijo Berni Junior..

—Espera, hijo, espera —dijo—. Por favor, mira muy lentamente hacia la izquierda —sí, así. Ahora hacia el otro lado, despacio. (Era como el examen del mejor oftalmólogo del mundo.) Hacia arriba, luego hacia abajo. Bien, hijo, muchas gracias. Se levantó de la mesa y fue a su habitación a llorar. Su esposa lo siguió y, cerrando la puerta tras ella, lo alcanzó y le preguntó qué pasaba.

Berni le dijo que su hijo mostraba una masa extraña en el ojo y que debían llevarlo al médico al día siguiente. Ella no pudo decir más; rompió en llanto, y se abrazaron. Los niños terminaron de comer con la empleada doméstica y luego salieron a jugar. "¿Cómo puede nuestro hijo tener eso en el ojo?", se preguntó Berni, y detuvo a su esposa de volver a examinar al niño.

"Mañana lo llevaremos al mejor oftalmólogo de la ciudad —el doctor Cuartas seguramente lo verá. No llores más", dijo, tratando de consolarla..

Al amanecer, Berni se levantó. Él y su esposa no habían dormido ni un minuto. A las siete de la mañana del nuevo día, salieron con su hijo de cinco años hacia la clínica del doctor Cuartas. El médico los llamó aparte y les dio la noticia: "El niño tiene un retinoblastoma convergente en el ojo derecho. Perderá el ojo en poco menos de treinta días", añadió, con palabras tan graves como la enfermedad. "Lo siento mucho," En pocas palabras entrecortadas, les dijo que llevaran al niño al día siguiente para más pruebas. "En todo caso, son libres de llevarlo a otro especialista para que estén seguros de mi diagnóstico," No escucharon el resto, porque el dolor les había roto el corazón.

Se quedaron allí contra la pared, sosteniendo a su hijo, quien también lloraba sin entender. Luego salieron de la clínica..

En su coche, por una calle que no conocían, en un lugar que no conocían, apenas podían distinguir a personas que no conocían. Miraban pero no veían —igual que su hijo.

Después de cinco horas —a mediodía de ese mismo día— entraron por las puertas de la clínica del doctor Fernández, un español con reputación de hábil oftalmólogo. Les dijo lo mismo. Tres días después, estaban bajando las escaleras del avión que los llevó a Bogotá, y una hora después, entraban a la Clínica Barraquer, el mejor centro de diagnóstico ocular de todas las Américas.

Mientras esperaban, conocieron docenas de casos como el de su hijo y el doble de personas que habían venido de todos los rincones del mundo. Esta clínica era famosa porque sus profesionales se habían formado en la misma clínica en España, ya reconocida por sus procedimientos.

Berni le preguntó a un español por qué estaba allí si su país tenía una clínica idéntica, y el hombre respondió que aquí era más asequible para sus medios. Esa tarde, salieron con el mismo diagnóstico que antes. Lo único nuevo fue que les ofrecieron una conexión a la ciudad de Medellín para encargar una prótesis..

Desolados, se encontraron en un lugar que nunca imaginaron estar. Sentados en un banco en un pequeño jardín, observaban cómo pequeños pájaros recogían comida del suelo y la llevaban a sus pollitos en el nido. De repente, María —la esposa de Berni— recordó que alguien le había recomendado visitar a la Virgen de Chiquinquirá, patrona de los colombianos. "Es muy milagrosa", dijo.

"Sí, por supuesto —vamos a ver", respondió Berni. Tomaron un taxi y le rogaron al conductor que los llevara a la iglesia de la Virgen. Cruzaron casi todo Bogotá y luego un camino para llegar allí. Entraron y se arrodillaron ante Su Majestad, la Divina Virgen de Chiquinquirá. Nunca la habían visto, aunque habían oído hablar de ella..

Tras regresar a la Sultana, un amigo le recomendó a Berni que, cuando se trata de los ojos, la Virgen que podía obrar el milagro de curar a su hijo era Santa Lucía —la más milagrosa estaba en Medellín. Compraron los boletos y, la semana siguiente, estaban allí con el pequeño Berni, postrados a los pies de Santa Lucía —hermosa, milagrosa, grandiosa. Los padres de Berni ya sabían la oración de memoria; en el vuelo, la habían aprendido de principio a fin, letra por letra.

Regresaron, luego volvieron a salir. Iban a dondequiera que alguien les dijera que fueran. Buscaban desesperadamente un milagro. "¡Dios mío!", exclamó Berni. "Pero ya tengo a quien obrará el milagro," Le dijo a su esposa una noche mientras hablaban de ello. Ella se sentó en la cama y preguntó: "¡Entonces dilo ya, por favor! ¿Quién?,"

"El Sagrado Corazón de Jesús. Qué tonto he sido —nadie más puede hacerlo, estoy seguro", respondió Berni.

Salieron al amanecer con su hijo y fueron a la Iglesia del Sagrado Corazón de Jesús. Una vez allí, se arrodillaron ante la imagen y, rezando en silencio —sin haberlo planeado— suplicaron al Señor por la salud de su hijo. Una hora después, estaban confundidos, repitiendo las mismas palabras y bebiendo sus propias lágrimas. La madre se inclinó para mirar a su pequeño y lo encontró dormido.

El niño yacía allí en toda su hermosa inocencia. Con la boca cerrada, María dijo: "Padre mío, te ofrezco mis ojos —o si eso es poco, te ofrezco mi vida— a cambio de la vista de mi hijo, o mejor, de la vista de tu hijo, porque es tuyo y lo tengo como tu bendición; pero sé que un día debo devolvértelo. Mientras tanto, por favor, concédele una manera de ver,"

Durante la misa matutina, justo cuando volvía en sí, el sacerdote, hablando de la palabra de Dios, dijo: "Si tu ojo te hace tropezar, arráncalo. Es mejor entrar en el Reino de Dios con un solo ojo que, teniendo dos ojos, ser arrojado al infierno,".

María bajó la cabeza y pidió perdón a Dios por su falta de humildad. Miró a su esposo, y él la miraba a ella; se abrazaron y lloraron sin escuchar las palabras finales del sermón. Salieron de la iglesia como habían salido del consultorio del doctor Cuartas el primer día: completamente desorientados, con un dolor en el corazón que rozaba un infarto.

Una vez que leyeron los pasajes de lo que Jesús dijo, según Marcos 9:43, los padres de Berni Jr. encontraron un poco de paz. ¿Paz? ¿Con su amado hijo a solo diez días de perder su ojo? Algo más había que hacer, se decía Berni todos los días, y le contaba a la gente lo que le estaba pasando. Cuando la noticia llegó a los oídos de la esposa de un amigo, ella lo llamó y se reunieron para hablar. Se trataba de un "médium" —alguien que mediaba con espíritus buenos para curar a las personas, pero era esencial que la persona tuviera fe.

Berni estuvo de acuerdo, y al día siguiente fueron en busca del hombre que actuaba como intermediario.

Cuando Berni confesó al hombre que no tenía mucha fe en los espíritus, solo en el Sagrado Corazón de Jesús, el hombre le dijo que eso era suficiente. La sesión fue tremenda.

El médium se transformó y, en medio de un temblor que parecía derribar las paredes, comenzó a girar alrededor del niño —quien estaba de pie en el centro de una habitación luminosa, era media tarde— y, levantando los brazos por encima de su cabeza, agitó las manos y habló en otras lenguas (Berni entendió a medias que era alemán corriente) y luego entonó en latín.

Pasaron unos quince minutos, pero cuando el hombre comenzó a calmar su temblor, recuperó su habla habitual y, sudando profusamente, le dijo a Berni que no había logrado nada. "Pero sigue estas instrucciones al pie de la letra", insistió el hacedor de milagros.

"Ve a casa y organiza la habitación del niño, dejando solo su cama; una mesa; un lavamanos y un jarro, ambos de aluminio; una toalla limpia; dos paquetes de gasa; alcohol; y algo de algodón. La cortina, la toalla y la sábana deben ser blancas. También el mantel que cubrirá la mesa. Nadie más debe estar en la habitación. Esta noche, el niño será operado por el doctor Gregorio Hernández, un oftalmólogo que ejerció en Venezuela hace algunos años. En espíritu, me ha dicho que visitará esta noche, en tu propia casa," Berni prometió —sin creerlo en lo más mínimo— que todo estaría dispuesto exactamente como se le pidió.

Preguntó cuánto debía, y el hombre dijo que nada; que después de la operación, si quería, podía llevar o enviar una donación. Berni salió de la habitación y, a pesar de lo que el médium había dicho, fue a la recepción y dejó suficiente dinero para no ser olvidado..

En casa, le contó a su esposa en detalle no solo sobre la sesión, sino también las instrucciones del vecino. "¿Pero estabas en la misma habitación con ellos?", preguntó María. "Sí, sí, por supuesto —observé cada uno de sus movimientos. Fue extraordinario, pero creo que por mi poca fe en esas personas, no logramos atraer la visita de los espíritus," "Está bien", añadió la madre del niño. "Arreglaré todo para esperar la visita de San Gregorio,"

La esperanza se apoderó de María, y llena de una fe ciega —en Dios, en Jesús, en el Espíritu Santo, en Gregorio Hernández, en Pedro, Pablo, Jacinto y José— se acostó sin dormir, esperando los gemidos de su hijo. Berni tampoco durmió, pero no habló. Al amanecer, el sueño finalmente los venció. Los rayos del sol entraron por la ventana y los despertaron.

Cerraron y abrieron los ojos, se levantaron, fueron a ver a su hijo, abrieron la puerta —y allí estaba, dormido. En el suelo había gasas manchadas de sangre fresca, algodón húmedo con alcohol y la toalla —ligeramente arrugada pero limpia. El agua en el jarro estaba más baja, y había un poco de agua limpia en el lavamanos.

Luego miraron la almohada; estaba manchada con un líquido amarillento y maloliente. El ojito estaba cerrado, con un poco de residuo que podría haber sido secreción. El niño dormía profundamente. Se abrazaron y comenzaron a llorar, cubriendo sus rostros con los extremos de la toalla. No podían creerlo —o, ahora, creían, pero no entendían.

Muchos años después, aún no entendían, menos aún cuando miraban el ojo de su hijo —para entonces, el niño era un hombre de 33 años..

Berni Jr. no recuperó la vista en ese ojo, pero sus padres llegaron a pensar que para entrar en el Reino de Dios, no era necesario ver con ambos ojos.

Berni fue personalmente a entregar una gran donación al hombre que había visitado, a quien al primer vistazo pensó que no sería capaz de cargar ni siquiera la sal para el almuerzo.

Berni y su familia se recuperaron rápidamente de todo lo que habían sufrido —un sufrimiento que les atravesó el corazón y destrozó su vida diaria. El drama se extendió a otras familias, como las de sus padres, hermanos e incluso los hogares de sus amigos.

También se recuperó en la universidad y volvió a las fiestas de cóctel de las compañías de seguros, donde era un invitado especial. Supo que la universidad se estaba preparando para la graduación de la primera promoción—los fundadores— porque la reforma educativa de seis años para estudiantes de derecho no los había alcanzado. Las damas se encargarían de los anillos y la recepción; otros fueron en busca del lugar; y Berni, con su grupo de élite, debía asegurar los fondos, la orquesta, el licor y la comida. Por supuesto, el menú ya había sido elegido.

Pronto —apenas diez meses— Berni sería uno de los abogados más respetados del país: no solo por su honestidad, sino por su inteligencia y corazón. Su especialidad sería el derecho penal y civil, basado en el derecho romano y el código chileno. Era un experto en las teorías del criminal nato, el converso y el arrepentido. En asuntos civiles, llegó a redactar la demanda perfecta —incluso siendo aún estudiante en práctica.

Pero el destino le había tendido una trampa miserable, y su portador era la última persona que el brillante estudiante, pronto a graduarse, habría imaginado.

Era una hermosa tarde de viernes —"viernes cultural", como algunos lo llamaban; más tarde, los llamarían "sociales" para que sonaran más democráticos. Ejecutivos, abogados y empleados se movían para asegurar efectivo o un aumento en el saldo disponible de sus tarjetas de crédito.

A través del gerente, el banco otorgaba una línea de sobregiro al titular de la cuenta, con la promesa de cubrirla antes del fin de mes o del cierre mensual. Ese era el negocio más importante del día. Después de asegurar el dinero para las compras de su esposa, Berni logró un excedente para celebrar el fin de semana.

Para esto, una sola llamada telefónica a una de sus novias —o amantes— era suficiente; luego se sentaba a esperar para salir..

Capítulo 6
Sueños Rotos

Berni miró el reloj y decidió salir de la oficina treinta minutos después de las cuatro de la tarde. Tomó un libro de su biblioteca y lo abrió en la página 66. En la parte superior de la página, decía: "La crisis de Occidente,"

La secretaria entró en su oficina y anunció una visita del doctor Rudolf Mandarino, uno de los abogados más prestigiosos de la ciudad y profesor de Berni en Derecho Civil. Berni se levantó, le estrechó la mano y —con todo el respeto debido a un maestro y su calidez habitual— lo invitó a sentarse y de inmediato preguntó qué le gustaría tomar. Berni tenía licores finos, leche, agua, té y café en su oficina. El profesor aceptó solo un café. Tras los saludos y la charla habitual, el doctor Mandarino fue al grano.

"Doctor Berni", dijo, "la razón de mi visita hoy es que usted tiene una demanda contra el señor Justino Laverdez. Este dinero" —colocó un cheque sobre el escritorio— "debería ser útil en un viernes como hoy, y representa sus honorarios por esa demanda. Espero que mañana, sábado, esté en el juzgado a primera hora para presentar un desistimiento, solicitar el levantamiento de las medidas cautelares y organizar la entrega del vehículo (un tractocamión de 40 toneladas) a mi cliente.

Lamento irme tan rápido, pero tengo otros asuntos esperando en mi oficina," El doctor Mandarino se levantó.

"Su señoría, por favor no se vaya. Déme unos minutos para calcular la reclamación, porque mis honorarios son irrelevantes y no cobrables —aún soy practicante. Sin embargo, el capital, los intereses y las costas judiciales son de suma importancia para mí y para mi cliente. Al menos, eso es lo que usted mismo, mi respetado profesor, me enseñó,"

"Tómalo o déjalo, doctor", respondió. "Porque la verdad es que puedo tener ese vehículo de vuelta en la carretera mañana, o el lunes a más tardar. Verás, cuando enfrentes la realidad, que lo que cuenta es lo que tienes en la mano —y hoy te estoy ofreciendo unos honorarios fabulosos para un estudiante como tú. En cuanto a tu cliente —olvídalo,"

"Perdóneme, doctor", dijo Berni. "No puedo desistir. No lo haré —hoy, mañana, ni nunca. Lo haré solo cuando el monto total de la sentencia sea depositado en el Banco Popular. Después de eso, entregaré el tráiler y el tractor a quien usted indique. Permítame añadir algo" —el doctor Mandarino escuchó con una sonrisa burlona— "Primero, soy hijo de Marco Gómez, el hombre más honesto que jamás vivió en este planeta. Segundo, mi cliente espera el mejor servicio de mí —me lo dijo justo en esa silla en la que está sentado. Tercero, cuando escuché sus conferencias, usted me enseñó cómo recuperar una deuda impaga, y en ningún momento mencionó que un caso civil en el tribunal debería terminar de la manera que usted propone. Lamento mucho no complacerlo. Retire su cheque de mi escritorio. Puede irse,".

El profesor tomó el cheque, se levantó y pronunció este veredicto: "Berni, una cosa es ser un buen académico y otra es ser un abogado en ejercicio. Estarás arruinando tu carrera si continúas con este romanticismo. Estás perdiendo una gran oportunidad de ganar tus primeros honorarios bien merecidos. Te aseguro: el lunes sacaré ese vehículo del lote de incautación. Presentaré los documentos necesarios para su devolución. Buenos días, doctor," Con eso, el abogado-profesor se fue.

El lunes, Berni fue temprano a las oficinas del juez para informar lo que había pasado con el abogado del demandado. El juez pidió a su secretario el expediente, y —para asombro de Berni— las órdenes de liberación ya habían sido emitidas, y la notificación escrita a las autoridades del patio de vehículos automotores solicitando la entrega había sido enviada. El tractocamión había sido liberado del embargo.

En el expediente, apareció un título de propiedad fechado un año antes de la demanda, con entradas notariadas, firmas y pagos de impuestos de timbre nacionales debidamente legalizados. Era un documento falsificado, elaborado con suficientes formalidades para pasar como evidencia válida ante el tribunal. Los pasos judiciales se habían llevado a cabo desde el sábado anterior. Una maniobra fraudulenta —asombrosamente "legítima,"

Berni quedó atónito. En el mismo expediente, había otro título fechado solo tres meses antes, emitido por el registro de vehículos automotores que nombraba al demandado como propietario.

El doctor Berni Gómez —hijo de Doña Carmen y Don Marco, el mejor estudiante de la escuela de derecho más reconocida de Colombia— se quedó sin base legal para sostenerse mientras regresaba a la universidad.

Ese mismo lunes, Berni fue a una tienda que vendía solo aguardiente y se sentó mientras pedía una botella. Su cabeza daba vueltas. Recordó a su profesor de Introducción al Derecho hablando sobre ética, moral y la vocación por la profesión —el respeto por la ley. El doctor Quijano Yacup repetía estas lecciones cada vez que comenzaba sus clases. Berni tomó un trago tras otro, murmurando para sí mismo que no entendía. Pasaron las horas, y después de tres, sintió como si un tractocamión cargado con 50 toneladas lo hubiera atropellado, aplastándolo bajo su peso.

Al día siguiente, llegó a su oficina y, como loco, revolvió su escritorio, arrojando papeles por todas partes. De repente, tomó algo en sus manos, levantó el brazo, lo puso frente a su rostro y lo miró fijamente. Luego, con el puño cerrado, arrojó el objeto a la canasta de basura. Era su anillo de graduación.

Ese día, el doctor Berni Gómez juró que nunca sería juramentado como abogado.

Al día siguiente, Berni elaboró una lista completa de los asuntos legales que tenía en curso en los tribunales de la ciudad —casos civiles y penales— y comenzó a sustituir a otros abogados uno por uno como abogado de registro.

Envió a sus clientes los documentos que tenía y almacenó, en la casa de los padres de su esposa, todos los diplomas que había obtenido en otras universidades, incluido un título en criminología de la Universidad de Santiago (cohorte de fundadores). También archivó su diploma de bachillerato del Instituto Colombiano de Educación Superior en Bogotá.

La nostalgia lo abrumó cuando recordó que en solo seis meses había alcanzado la puntuación de graduación del ICFES —una hazaña que normalmente toma siete años. Se había encerrado en su oficina todos los días, y muchas noches, estudiando hasta lograr "401 puntos de los 400 requeridos", como le gustaba decir..

Sus compañeros de universidad intentaron ayudarlo y hacer que regresara, pero Berni no escuchaba razones. Se dedicó a beber y a jugar póker, y todos los días, él y tres amigos iban a la casa de campo de un amigo, donde jugaban y charlaban hasta altas horas de la noche.

Ebrio de aguardiente, recitaba que un hijo de Don Marcos Gómez nunca podría ser abogado ni político, porque Don Marcos era un hombre excesivamente honesto. Muchas personas se le acercaban para susurrarle al oído, ofreciendo "servicios especiales", pero Berni les decía que no.

En ese tiempo, los asesinatos por encargo de sicarios llamados "parrilleros" estaban de moda —hombres enmascarados en motocicletas que mataban, a menudo usando una media de mujer para cubrir sus rostros.

Identificar a estos criminales contratados era casi imposible, y aunque algunos sospechosos eran detenidos tras chocar durante su huida, nadie podía señalarlos en una rueda de reconocimiento porque nadie había visto sus rostros..

Pero el doctor Rudolf Mandarino se desplomó en el umbral de su casa, mientras intentaba abrir la puerta. En la morgue del hospital universitario le encontraron cinco proyectiles en el cuerpo, que le habían causado la muerte casi instantáneamente.

Berni fue a casa de su ex-profesor y, preguntando por el hermano del doctor Mandarino, le ofreció sus condolencias. Abrazándolo con fuerza, le susurró al oído: "Estoy contigo en este momento tan difícil. Recuerda que todos estamos en tránsito hacia un lugar mejor. Si necesitas ayuda de cualquier tipo, házmelo saber; estoy aquí para servirte." Luego se fue. El doctor Berni podría haber sido un buen abogado, pero seguramente habría sido un gran diplomático. A Berni ya no se le veía a menudo por la ciudad. Cuando un amigo se lo reprochó, él respondió, avergonzado, que su madre estaba enferma y tenía que visitarla con frecuencia en la Señora Ciudad. Eso era cierto. Doña Carmen llevaba meses mostrando síntomas degenerativos de cáncer de colon. Berni ya no tenía el paso seguro que antes tenía cuando el tribunal lo llamaba para solicitar sus servicios para la defensa de algún prisionero. Andaba de un lado a otro sin saber por dónde caminaba. Una noche, mientras tomaban unas copas, su hermano Arge le dijo que menos mal que no se había graduado de abogado, porque una vez ejerciendo, probablemente habría empezado a engañar a la gente que no conocía la ley con juegos de palabras. Jajaja— ambos se echaron a reír. Berni estaba siendo arrastrado por el destino como una hoja de papel en el viento. Parecía el final— pero fue para Doña Carmen. Rodeada de familiares, amigos de la Señora Ciudad de Buga y gente de Buenaventura y Cali, Doña Carmen murió de cáncer de esófago, que padecía desde hacía más de un año. En el funeral, su hijo Berni dijo: "Madre, no morirás para siempre, pues permaneces entre nosotros para acompañar a tu familia. Yo—y todos nosotros—sabemos que tu espíritu se quedará para seguir cuidándonos, bendiciéndonos, ayudando a las viudas y a cualquiera que te necesite. Eres un ángel para nosotros que tenemos la alegría de tenerte,"

Berni le hablaba a su madre como si estuviera viva, pero no pudo continuar. Otros hablaron y dijeron que Doña Carmen había sido la madre número uno entre todas las madres. Otros dijeron que había sido la esposa más abnegada, que amaba a su "Monito", como ella lo llamaba, por encima de cualquier medida conocida de amor en el corazón—una esposa que honraba a todo compañero fiel y humilde. La gente lloraba, tal como lo había hecho Doña Carmen—ella vivió la mitad de su vida en lágrimas. Once hijos; once libros de historia con más momentos de dolor que de felicidad.

Una mujer que no era precisamente la esposa de Berni vino a transformarlo. Lilian, la secretaria, de forma lenta pero segura, devolvió a Berni a sus obligaciones. Atendió la oficina, le recordaba las citas y, con mucho tacto, lo llevó de vuelta a lo que había abandonado: diligencia en su trabajo, atención a su familia, a sus amigos y a sus clientes.

Ella—Lilian—unos años después le causaría a Berni un grave problema de sangre. Por su hemofilia, incluso rozar su piel con la de ella le causaba un hematoma alrededor de la órbita del pene. Esto ocurriría más tarde en los Estados Unidos, a donde ella lo siguió—no como nada más que su secretaria. Ella estaba enamorada.

En cualquier caso, Berni sufría interiormente, y un día decidió dejarlo todo e irse al país del norte. Fue con toda su familia a la Embajada Americana en Bogotá y presentó sus documentos de identificación, pasaportes, valores, título de su casa, su coche y un excelente estado de cuenta bancario. El paquete incluía las solicitudes de visa para su esposa, sus tres hijos y él mismo. El cónsul—usando esa psicología por la que son conocidos—selló cada pasaporte sin siquiera pasar un segundo revisando la validez de los documentos.

La familia regresó el mismo día a la Sultana en el vuelo de la mañana. Ya en casa, con un vaso de whisky en la mano—porque tenía que aprender a beber "orina de gringo", bromeó—se le podía ver sonreír. Después de un sorbo, le dijo a su esposa con burla: "Tengo que llevar aguardiente a los Estados Unidos para que esos tontos aprendan a beber algo bueno."

Berni se vio obligado a enviar a María Eugenia y a los niños por delante porque la venta de la casa y el resto de sus pertenencias—la oficina y el coche—no se pudo concretar tan rápido como había pensado. Llevó a su familia al aeropuerto y les dijo que se uniría a ellos tan pronto como vendiera su propiedad. Pasó un año, luego otro, y Berni todavía no había podido cerrar ningún trato.

Pero como amaba tanto a su esposa e hijos, los visitó en Miami para Navidad—porque, como en casa de sus padres, nunca se

183

perdería la celebración del nacimiento de Jesús de Nazaret. Después de pasar la Nochebuena y el Año Nuevo con ellos, regresó a Colombia pero hizo una parada en Cartagena.

Allí, contactó a gerentes de empresas de transporte y, conociendo la necesidad de efectivo de los camioneros después de que los bancos cerraban para poder salir con sus cargas, regresó a la Sultana y vendió—al mejor postor pero con pérdidas en comparación con las tarifas vigentes—todo lo que poseía, incluyendo la casa y el coche..

Sesenta días después, estaba abriendo un local comercial en el Poblado del Bosque, dentro de la heroica Cartagena—la ciudad más hermosa del mundo por su arquitectura.

Tres ciudades en una: el casco antiguo amurallado protegido por el Fuerte de San Fernando, construido en tiempos coloniales; la ciudad moderna con sus imponentes torres, hoteles y avenidas, museos y el hermoso centro de convenciones sobre las aguas del Caribe; y la otra, medieval, con sus vastas residencias de galerías, jardines, fuentes, puentes y un bosque de flora y fauna tropical.

Simplemente el paraíso. Su mar muestra siete colores al mediodía todos los días. Cartagena es otra joya que surgió del mar—más hermosa que San Juan, La Habana, Miami y otras..

Berni fue a visitar a representantes de la banca, la industria y el comercio. En menos de un mes, estaba al día sobre los mejores negocios de la región. En su nueva oficina, cobraba cheques para dueños de camiones, compraba fletes a empresas de transporte y adelantaba dinero en contratos de trabajo.

Este ciclo le devolvía el 1% del principal—un 30% al mes—así que, después de mantenimiento, representación e impuestos, estaba en camino de duplicar su capital en menos de seis meses. En solo cinco años, se convertiría en uno de los hombres más ricos de Colombia. Incluso enviaba a su familia en Miami $800 al mes.

En su viaje a Miami el pasado diciembre, le dejó a su esposa, junto con dos coches pagados en efectivo, $4,000, para que pudieran mudarse a Nueva York, ya que su esposa le había dicho que era más fácil encontrar trabajo allí para ella y su hija de dieciséis años, que se estaba preparando para matricularse en una universidad..

Berni trabajaba doce horas al día y ganaba mucho dinero, pero nada era perfecto. En sus momentos de soledad—a pesar de ser tan sociable—se entristecía, inmensamente triste, cuando recordaba a sus hijos, a quienes amaba con todo su corazón y razón. Muchas veces—docenas de veces—lloró en noches de insomnio por su separación. Tengo que arreglar esto, se decía a sí mismo más de una vez.

Los traeré de vuelta a vivir a esta ciudad, y mi vida y la de ellos será muy diferente; cerca de mí, estarán más seguros mientras

185

crecen, progresan, se mantienen sanos y alcanzan sus metas. Una vez, en una conversación formal con uno de los gerentes de banco que visitaba a diario, preguntó: "¿Qué es la felicidad?" y el doctor Blanco respondió: "La familia,"

En verdad, Berni tenía mucho dinero, pero no era feliz..

Una noche, en un bar, ya pasado de su límite de aguardiente y con un vaso lleno en la mano, dijo en voz alta: "Cambiaré mi vida, venderé mi vida—de cualquier manera la estoy viviendo perdida," Afuera estaban las mujeres más hermosas de Colombia y el carnaval del 11 de noviembre—y nada de eso le interesaba.

Berni podría haber ido a Miami en cualquier momento—tenía una visa de cinco años—pero su negocio requería su presencia personal, y no era prudente dejarlo con otra persona. Además, en la Ciudad Heroica, no tenía ningún conocido en quien pudiera confiar un futuro tan prometedor. En cualquier caso, estaba pensando en su secretaria, Lilian, que se había quedado en la Sultana y que seguramente lo seguiría para estar a su servicio—especialmente si se enteraba de que Berni estaba sufriendo.

Llegó diciembre y Berni preparó todo para viajar. Compró ropa para su amada y sus hijos, junto con regalos para su hermana Luzmila, su hermano Jaime, sus hijos y amigos. Se guardó $1,000 en el bolsillo y compró un cheque bancario por $7,000, a su nombre en Miami. Luego fue al aeropuerto para abordar el avión a la Capital del Sol. Conocía la ruta, la ciudad, el procedimiento.

Era su segundo viaje para ver a su amada esposa e inolvidables hijos. Hacía exactamente un año que no veía a María Eugenia, Carmen Eugenia, Bernardo y Alberto, y a sus hermanos. También quería saludar y abrazar a todos y decirles que quería traer a su familia de vuelta a Colombia—a la ciudad más hermosa del planeta y sus alrededores.

Quería ser completamente feliz y devolver la seguridad a sus seres queridos, demostrando su amor..

En el avión, charló con el pasajero de al lado, quien le preguntó si hablaba inglés. Berni respondió que hablaba un poco. "De todos modos," añadió, "no tenemos que preocuparnos, porque en Miami, lo difícil es encontrar a alguien que hable inglés. Allí, viven los hijos desobedientes de Fidel—como la Habana moderna—cubanos por todas partes y algún que otro norteamericano." Su compañero sonrió, aliviado, y siguieron hablando.

Dos horas y cuarenta y cinco minutos después de abordar, salía por las puertas de llegadas internacionales. Recogió su equipaje y se dirigió al exterior para tomar un taxi. El conductor era latino, y Berni se sintió más a gusto. Llegaron a Miami Springs, pero en la misma dirección donde Berni se había quedado un año antes, no había nadie. La casa estaba vacía.

Berni tocó la puerta del vecino, y nadie respondió; hizo lo mismo al otro lado y tampoco obtuvo respuesta. "Es la hora—no hay nadie en casa", dijo el conductor, que ya se había bajado y, mostrando su reloj, agregó que eran las 3:30 de la tarde. Berni fue por la parte trasera y, asomándose por una pequeña ventana, pudo ver que la casa estaba vacía.

Volvieron al taxi, y cuando el conductor preguntó a dónde ir a continuación, Berni le dijo que lo llevara a la dirección que le mostró. Tampoco encontró a su hermano allí; era una dirección donde Jaime había vivido un año antes. "Qué extraño", dijo Berni, "nadie me dijo que se habían mudado, y sabían que llegaba hoy." Era 23 de diciembre.

Berni—como su padre—nunca estaría sin su familia a su alrededor..

El taxista, disculpándose, le explicó que en Miami, la gente deja una casa fácilmente para ir a otro lugar—algunos porque solo tienen suficiente dinero para pagar un mes de cada tres, otros para huir de inmigración, y los menos porque compran su propia casa. "¿Qué es inmigración?" preguntó Berni. "Es la agencia de Inmigración—la que persigue a los indocumentados", respondió.

"Ah, ahora entiendo", dijo Berni. "Muy bien, amigo mío, por favor, llévame a un hotel." Berni se registró y de inmediato hizo algunas llamadas. Luego le pidió al conductor que se quedara con él por otras dos horas, porque dependiendo de una llamada, podrían regresar al aeropuerto para comprar un billete. El hombre, que dijo llamarse Jairo, aceptó quedarse si se le pagaba por hora.

"Claro, no te preocupes—te pagaré por hora", dijo Berni. Después de una hora, usó el teléfono y anotó una dirección. Pagó el hotel y los dos almuerzos que comió el conductor— Berni no tocó el suyo—y se fueron al aeropuerto.

En el camino, hablaron, y Berni le contó que había estado enviando dinero a su familia, a lo que el conductor respondió con escepticismo que funciona al revés—el dinero se envía desde aquí. "Claro, pero mi familia no tiene permiso para trabajar."

"Eso no importa", dijo el conductor.

"La gente indocumentada trabaja—eso no es un problema." En cuanto a cómo los que no tienen permisos de trabajo podían trabajar, el hombre respondió que era muy común conseguir un número de Seguro Social o incluso una tarjeta de Seguro Social falsa. "¿Qué dijo, señor?" exclamó Berni.

"¡Conseguir un Seguro Social falso es un delito federal y se castiga severamente!"

189

"Eso es cierto", dijo el conductor, "pero así es como se hace—y el gobierno lo sabe." Sin darse cuenta, Berni ya estaba saliendo en la entrada del aeropuerto. Pagó de nuevo, entregándole al conductor un billete de $100, y, despidiéndose, se fundió entre la multitud que esperaba sus vuelos.

Compró un billete—tan fácilmente que lo asombró. El avión despegó hacia Nueva York. Berni estaba feliz: en su bolsillo, llevaba la nueva dirección de su esposa. Sabía que se mudarían allí desde Miami, pero no cuándo. "Esto debe haber pasado hace solo unos días—no tuvieron tiempo de avisarme", se dijo a sí mismo.

Se recostó y se concentró en la película que la azafata anunció que se mostraría después de las instrucciones de seguridad. También le ofreció el menú y, de paso, lo felicitó por llevar un abrigo para el frío. "Son diez grados en Nueva York", dijo. "New York, New York", dijo mientras se alejaba, y Berni la miró de arriba abajo..

Berni no podía haber imaginado, con toda la imaginación que poseía, lo que el destino le tenía reservado. Para mantenerse despierto, ya que sentía somnolencia, tomó su libro favorito, Cien años de soledad de García Márquez, que estaba leyendo por segunda vez.

Sin darse cuenta, llegó a su destino. Intentó mirar por la ventana, pero una fuerte tormenta había nublado su vista. Bajó del coche, tomó un taxi y le entregó al conductor una dirección escrita. El taxi lo llevó al lugar donde vivían su esposa y sus hijos —un lugar al que había llegado Berni, el más inteligente de los hijos de Don Marco y Doña Carmen—.

Se quedó en la puerta, habiendo dejado todo atrás por el momento para visitar a su amada familia e intentar convencerlos de regresar a su adorada patria, donde el El Dorado que Berni había descubierto en Cartagena de Indias —el puerto del pirata Morgan— los esperaba..

Aquella noche inolvidable, al final del día más largo del siglo, Berni estaba casi demasiado débil para dar otro paso cuando vio a su esposa, embarazada de siete meses. No la había visto desde el 31 de diciembre, exactamente trece meses antes.

Aquella noche, Berni se imaginó en mil lugares, conversando con miles de personas, pero no podía alinear sus planes. Exhausto, suplicó a Dios que limpiara su conciencia, pasando de la rabia a la humildad. Luego, gritó: "Gracias, Señor; las lágrimas son el bálsamo de mi alma,"

Unos minutos después, la luz del amanecer se filtró por debajo de la puerta. Antes de partir hacia el aeropuerto, Berni preguntó por Herman —el amante de su esposa— y su hijo. Su esposa respondió que no sabía dónde encontrarlo. El hijo de Berni le reprochó por no haber enviado remesas en más de seis meses, a lo que Berni respondió, atónito, que nunca había dejado de enviar el dinero. "¿Lo ven, chicos?", dijo su hijo Alberto. "Lo sospechaba. Es Herman quien se está quedando con el dinero y nos dice que papá nos ha olvidado,"

En el vuelo a Miami, la capital del sol, Berni y su hijo hablaron de Hernán. Berni preguntó si su madre sabía a qué se dedicaba Hernán. Su hijo respondió que su madre sabía que estaba involucrado en el narcotráfico. Berni entonces preguntó si Luzma, su tía, estaba al tanto de las actividades de Hernán. Alberto respondió: "Sí, papá, mi tía lo sabe todo. Pero no lo regaña porque él le proporciona todo lo que necesita, y mi tía ayuda a mamá ya que está embarazada y quiere cuidar al nieto. La tía ha sido muy amable con todos nosotros desde que vivimos con ella aquí en Estados Unidos,"

Berni suspiró: "Qué vergüenza esta situación. Me duele que Hernán haya caído en el narcotráfico. Es peligroso involucrarse con esas mafias. No perdonan a nadie. Debería saber que terminará o en la cárcel o, Dios no lo quiera, tirado al borde del camino con tres o cuatro balas en el cuerpo,"

Poco después, el sobrino de Berni, Fernel, regresó a Miami, pero debido a una complicación con su esposa, su regreso a Cali tuvo que posponerse. Lilian se encargó de la nueva residencia de Berni y de su hijo Alberto, quien asistía a la escuela y era un joven muy bien calificado, inteligente, callado —y sobre todo, un caballero.

Un día, Berni recibió una llamada telefónica. Una voz de hombre le dijo: "Tu sobrino Hernán está en el Hospital Baptist, en coma; podría morir en cualquier momento," Berni pidió el nombre del llamante, pero no se identificó y colgó sin decir otra palabra.

Media hora después, Berni estaba en la sala de emergencias del Hospital Baptist en Kendall. El lugar le era desconocido. En la sala de espera, además de su esposa, estaban su hermana —la madre de Hernán— y otras sobrinas y sus amigos. Berni abrazó a su hermana y besó su mejilla. Le estrechó la mano a su esposa y le ofreció sus condolencias. En ese mismo momento, le dijo desde el fondo de su corazón que lamentaba su pérdida. Ella rompió en llanto. Luego Berni saludó a los demás y pidió a su hermana que lo llevara a ver a Hernán.

Después de pasar por dos habitaciones, llegaron a la cama de Hernán. Estaba en coma, vivo solo por las máquinas que lo mantenían con vida, pero en realidad, estaba muerto. Su cabeza había sido destrozada por un disparo a quemarropa de calibre .45 —un asesinato estilo ejecución. Los médicos le dijeron a Berni que Hernán había sido dejado en el estacionamiento del hospital dentro del vehículo que había alquilado en Nueva Jersey. La teoría de la policía era que los perpetradores probablemente eran parientes o amigos de Hernán. "Sí, esa teoría tiene sentido, doctor", dijo Berni.

La madre de Hernán le pidió a Berni su opinión sobre si debían desconectarlo del soporte vital. Berni respondió: "Hermana, tú eres su madre, pero no a mí debes preguntarme —sino a la esposa de tu hijo," Desafortunadamente, la esposa de Hernán, Lutila, no había ido al hospital. "No importa", dijo Berni. "Llámala y consúltale,"

"En mi opinión, dado el estado de tu hijo, debería ser desconectado y dejado libre —ya sea para sobrevivir o para morir,"

Berni miró a su esposa y se abstuvo de pedirle su opinión. Pensó: Debería ser la madre quien decida.

Después de saludar a unos cuantos más, Berni salió del hospital, tomó el mismo coche que lo había llevado allí y regresó a casa. Allí, les contó a su hijo y a su secretaria lo que había pasado y miró fijamente a su hijo, quien no mostró ninguna reacción.

Antes y después de regresar a casa, Berni recibió varias llamadas, todas las cuales contestó expresando sus condolencias. También afirmó que no sabía por qué habían disparado a Hernán.

Lilian sabía que Berni necesitaba viajar a la Ciudad Heroica para atender sus negocios, pero no sabía cuándo. Cuando le preguntó, Berni respondió que podía ir tan pronto como mañana. Fue entonces cuando Lilian le dijo que Fernel llegaría

194

de nuevo para proponer un negocio. "Tal vez", dijo Berni, "pero mis negocios pendientes son más importantes,"

Más tarde esa noche, Lilian y Alberto se acostaron. Berni siguió viendo la televisión. A las once, repitieron la noticia del asesinato de Hernán. Anunciaron que había muerto.

Capítulo 7
La Sombra del Pecado

Al día siguiente, llegaron oficiales a la casa de Berni. En la estación de policía, Berni se dio cuenta de que no eran policías de la ciudad, sino agentes del Buró Federal de Investigación (FBI). Esto lo puso nervioso; palideció y su voz se volvió entrecortada. Los agentes lo notaron, pero Berni explicó que el dolor de su hermana por la muerte de su hijo lo abrumaba. "Sí, es lamentable", dijeron.

"La víctima también era su sobrino, ¿correcto?,"

"Sí, oficial", respondió. Berni se recompuso cuando se dio cuenta de que los agentes eran hombres comunes con sentimientos. Comenzaron la ronda habitual de preguntas: nombre, dirección, número de teléfono, fecha de nacimiento, profesión, estado civil y, más puntualmente, qué había estado haciendo en Miami..

El agente preguntó: "Díganos cuándo, cómo y dónde conoció al señor Hernán Muñiz. ¿Cuándo fue la última vez que lo vio?,"

Berni respondió en español, ya que le ofrecieron la opción: "Conozco a Hernán desde que nació en Cali, Colombia. Era el hijo favorito de mi hermana Luzmila. La última vez que lo vi fue anoche en el Hospital Baptist de esta ciudad, pero antes de eso, no lo había visto en dos años y dos meses —desde que visité

Cali, y nos reunimos para hablar de mi esposa e hijos, que acababan de mudarse a Miami,"

"¿Dónde vivía Hernán aquí en Miami?,"

"Me dijo que vivía con su esposa, una hija y su madre —mi hermana Luzmila,"

"Bien, continúe,"

"Luego me fui a vivir a Cartagena, y no lo volví a ver,"

"¿Sabía usted a qué se dedicaba?,"

"Bueno, me dijo que traía un camión pickup para vender y me preguntó si podía nombrarle algunos posibles compradores,"

"¿Qué le dijo?,"

"Recomendé a dos posibles compradores,"

"¿Quiénes eran?,"

"No recuerdo sus nombres,"

"Si tenía un taller de costura, ¿por qué trajo un camión para vender en Cali?,"

"No lo sé,"

"¿Su esposa, María Eugenia, era su amante, amiga o novia?,"

"Amiga,"

"¿Sabe si alguna vez tuvieron una relación más allá de la amistad?,"

"No lo sé,"

"¿El hombre que vio en el hospital anoche—era Hernán Muñiz?"

"Sí, oficial."

"¿Cuándo fue la última vez que vio a su esposa, la señora María Eugenia Gómez?"

"Anoche en el hospital."

"¿Estaba sola?"

"No, estaba con mi hermana, la madre de la víctima."

"¿Hernán tenía enemigos?"

"No lo sé."

"¿Sospecha de alguien que podría haberle disparado?"

"No, oficial."

"¿Puede describir su carácter?"

"Algo irascible—se metía fácilmente en discusiones o peleas."

"¿Consumía drogas?"

"No."

"¿Bebía?"

"Sí."

"¿Fumaba?"

"No."

"¿Conoce a sus hermanos?"

"Sí."

"¿Cuántos?"

"Cuatro."

"¿Su padre vive?"

"Sí."

"Vamos a tomarle una fotografía; es de rutina.,"

Después de la foto, el agente dijo: "Señor Berni, necesitamos que permanezca en la ciudad. Por favor, proporcione cualquier información que pueda ayudar a aclarar la investigación. Sabemos que tiene negocios en Cartagena, pero no puede dejar la ciudad hasta que le informemos lo contrario. Gracias por su cooperación. Pronto sabrá de nosotros. Tome mi tarjeta y guárdela."

"Gracias, oficial. Por favor, tome mi tarjeta también, y llámeme cuando lo crea conveniente," dijo Berni, aunque solo la ofreció por cortesía. "Gracias."

Berni se fue rápidamente, tomando el primer taxi que encontró. "Lléveme a casa", le indicó. Eran las cuatro de la tarde.

Esa noche en el hospital, Berni vio a su amada María Eugenia cara a cara. Estaba tan hermosa como siempre, aunque más confundida que nunca.

Al día siguiente de su visita al hospital, los agentes del FBI vinieron preguntando por Berni, hijo de don Marco y doña Carmen. Berni se enteró de esto en la estación central de policía de Miami. Había visitado muchas estaciones de policía en su país de origen, pero esta era la primera vez que era llevado a una como sospechoso de un crimen—un asesinato. Un delito grave, como llaman al homicidio o crimen serio en los Estados Unidos.

Cuando Berni regresó a casa, la casa estaba llena de parientes y amigos. Como siempre, se mantuvo cordial con todos a pesar del largo día. Las preguntas venían de todas las direcciones, y las respondió sin comprometerse. Cuando un invitado más audaz le preguntó si podía salir del país, Berni respondió: "Sí."

"Extraño," replicó el hombre. "En estos casos, no dejan a una persona salir de la ciudad, mucho menos del país. En circunstancias especiales, incluso le quitan el pasaporte al sospechoso." Berni permaneció en silencio, pero reconoció en privado que esto era cierto.

Tomaron café, y cuando alguien sugirió un brindis con aguardiente, Lilian, la secretaria, se apresuró a decir que no había. Más tarde, en la primera oportunidad, apartó a Berni y le explicó que sí había licor, pero que no recomendaba beber en tal situación. Berni la conocía bien y no discutió con ella. Lilian no era como la mayoría de los colombianos que bebían aguardiente porque salía el sol—y si por casualidad no salía, bebían porque no había salido.

En la reunión, Berni se enteró de que el cuerpo de Hernán sería llevado a Nueva Jersey para un entierro cristiano en un cementerio católico en Union City.

Al día siguiente, Lilian le preguntó si debía desempacar las maletas. Berni le dijo que las dejara listas. "Quiero que vayamos a las tiendas ahora y compremos ropa", dijo Lilian, y Berni aceptó.

Esa noche, Berni hizo una serie de llamadas—primero a sus hijos, Berni Jr. y Carmen Eugenia. Habló con su hermana Luzmila y le ofreció cualquier ayuda que pudiera necesitar. Hizo lo mismo con María Eugenia, su esposa. También llamó a otros. En Cali, le dejó un mensaje a su sobrino Fernel. Cerca de la medianoche, Fernel devolvió la llamada y prometió regresar a Miami en una o dos semanas a lo sumo.

Berni también llamó a Cartagena e informó a un colega que se demoraría otra semana debido a un problema de última hora.

El colega dijo que el negocio iba bien y no había habido problemas.

Pasaron dos semanas y las cosas empeoraban para Berni. Se mantuvo en contacto con la mayoría de las personas que había contactado, pero las respuestas fueron desalentadoras. Su sobrino Fernel todavía no podía viajar. Su familia en Union City rechazó cualquier ayuda financiera, y sus dos hijos—que habían prometido mudarse a Miami y luego a Cartagena—ahora no querían dejar sola a su madre.

Cuando Berni insistió, le dijeron que amaban mucho a su madre y no la abandonarían en un momento tan difícil. Berni aceptó esto, pero pensó para sí mismo: Maldita sea—¿este desgraciado seguirá causándome problemas incluso después de muerto?.

Cuando Berni se dio cuenta de la situación, no había nada que pudiera hacer. Tenía las manos atadas.

Al regresar a casa, Berni se encontró con la noticia de que Fernel no podría llegar en al menos tres meses más—había sido detenido en Cali por un problema de un cheque sin fondos, y para empeorar las cosas, se había añadido una denuncia por fraude. Esto obligó a Berni a cambiar todos sus planes—su propio futuro, el futuro de sus hijos y el futuro de Lilian.

Aunque ella no tuvo nada que ver con el funeral, terminó "quemada por la cera de la vela," Sufrió con Berni—quizás más que el propio Berni—porque se había encariñado con sus hijos, especialmente con Alberto, que vivía con ella y a quien ayudaba con su tarea, tal como lo habría hecho su propia madre.

Alberto, aunque callado y sin decir nada, entendía los problemas que su madre enfrentaba en Nueva Jersey. Era lo suficientemente joven como para querer jugar, pero no lo hacía. No quería jugar. Era el menor de los hijos de Berni y había sufrido más que nadie por la situación..

Berni llamó a Cartagena y le pidió a su gerente que enviara todo el capital usando el poder notarial que Berni le había dejado. El gerente confirmó que lo haría. Cuando Berni le preguntó qué decir a los gerentes de bancos, empresas de transporte y contactos de negocios, al gerente se le indicó que no dijera nada y que obtuviera capital para mantener el negocio en marcha. "Esta cesión de mis derechos comerciales—no tienes que pagarme por ella; así dirá el documento que te estoy enviando."

Berni esperó el dinero—ya convertido en dólares—pero en cambio, se convirtió en una demanda de un amigo abogado que ejercía en Cartagena. Berni nunca volvió a saber nada del socio, el dinero o el documento o contrato de cesión. "Parece," comentó un oficial de policía años después, cuando Berni regresó, "que el mar se los tragó."

"¿Podría ser el Triángulo de las Bermudas, oficial?" preguntó Berni.

"Sí, sí—posiblemente," respondió el oficial.

En el vuelo de regreso, Berni pensó que su país se hundiría en el mar—un mar de crímenes, delincuentes comunes y aquellos de traje. Era el verano de 1987. Como un presagio, su país se hundiría trece años después.

Berni se vio obligado a cambiar dinero por felicidad. Compró felicidad: estaba contento con sus hijos a su lado. Tuvo que aceptar la pérdida del capital que había dejado en su país. Decidió empezar a buscar trabajo. Mientras tanto, su sobrino Fernel no volvió a aparecer. Él también tenía serios problemas en Cali—del mismo tipo que Berni: financieros y románticos. Eran dos personas con mucho en común, pero la codicia de Fernel por el dinero lo llevó a una prisión federal en Estados Unidos por diez años, por narcotráfico.

Berni salía todos los días a buscar trabajo, pero como no hablaba inglés, no podía conseguir un empleo calificado. Enviaba currículums, pero en las entrevistas, los "diplomáticos," como él los llamaba, le decían que lo llamarían tan pronto se abriera una vacante. Lo entendió—y como no conocía ningún oficio manual como técnico de aire acondicionado, enfermería, mecánica o carpintería—comenzó a mirar hacia Nueva York. Era la capital del mundo, y había un mundo de trabajo allí.

Tenía a Alberto consigo, pero sus otros hijos—Berni Jr. y Carmen Eugenia—no se unirían a él.

"Sí. Eso quedó resuelto en la última conversación."

Como siempre, Lilian acudió al rescate de Berni una vez más. Llamó a su prima, a quien quería como a una hermana, y la prima la invitó—a ella y a cualquiera que deseara—a vivir en su casa en Nueva York. También dijo que podía ayudar a Lilian a conseguir un trabajo en una joyería haciendo un trabajo que aún no había aprendido, y que podía conseguir un empleo para Berni como conductor de autos en un estacionamiento—un "jockey," como lo llaman en la ciudad que nunca duerme. En Miami, los llamaban asistentes de valet parking.

Lilian y Alberto se fueron, pero Alberto regresó a la casa de su madre. Berni se separó de su hijo, pero estarían viviendo a solo cuarenta millas de distancia. Una semana después, Berni llegó a Nueva York, y al día siguiente ya estaba empleado por una empresa de gestión de estacionamientos en Manhattan. Al principio, no conducía, pero dos meses después, estaba manejando autos que entraban y salían.

Berni habló con el agente del FBI a cargo de la investigación de Miami, y se le otorgó permiso para trasladarse a Nueva York después de registrar la nueva dirección. Pidió que le devolvieran su documento de viaje, pero el agente no se lo regresó. También le dijeron que la investigación no había avanzado—"porque en casos como este—narcotráfico—no se consiguen testigos ni testimonios."

Pasó otro mes, y Berni aún no había sido cambiado a un turno diurno por el director de operaciones. Sus horarios eran de 10 de la noche a 6 de la mañana. Berni fue a la oficina, dejó las llaves del garaje en el escritorio, ofreció sus agradecimientos y se preparó para irse a casa. Su jefe, Francisco, le preguntó por qué renunciaba. Berni respondió que le habían prometido un turno diurno.

"Sí, por supuesto. Dame unos días más; te prometo que te cambiaré," dijo Francisco.

"Está bien," respondió Berni. "Esperaré los días que quieras--- pero en casa. En este turno, soy el único empleado en la tierra que no tengo dónde ir al baño."

Francisco le dio un nuevo horario, y a partir del día siguiente, Berni comenzó a trabajar en otro lugar, donde permaneció por más de tres años.

Cada domingo, Berni compraba un boleto de autobús, tomaba su asiento con alegría y viajaba a la casa de sus hijos. Compraba pequeños regalos o presentes de cumpleaños en las tiendas. Lilian iba de compras con su prima.

Tras una hora de viaje desde Nueva York hasta Union City, Berni llegaba a su puerta. Tocaba el timbre una, dos, tres veces. Esperaba—tal vez estaban en el baño y no podían escuchar. Volvía a tocar—nada. Esperaba otra media hora. Tal vez, se decía, no podían escuchar por la música alta. Tocó cuatro, cinco, seis veces. "Bueno, volveré el próximo domingo," decía.

El domingo siguiente fue igual. Otros domingos, pensó, Tal vez regresaron de vacaciones. Genial, los abrazaré y besaré y no mencionaré los viajes desperdiciados. ¿Para qué decirlo, si no volverá a pasar? No había nadie en casa. Buscó una nota que podría haberse volado, pero no encontró nada.

Regresó y, en la estación de Times Square, se perdió en el laberinto subterráneo que llevaba a diferentes líneas. Estaba tan deprimido que la vida le parecía pequeña. No podía encontrar la salida o la entrada al tren 7 que lo llevaría a la calle 48 en Roosevelt Avenue en Queens, donde vivía la comunidad colombiana. Había ensayado decirle a sus hijos cuánto los amaba—pero a ellos no les importaba.

Los llamó por teléfono después de que pasaron tres horas, pero no hubo respuesta..

Salió a la calle sin rumbo, sin importarle qué calle era. Caminó, pensó y caminó, llorando mientras avanzaba. Lloró y lloró, caminó y ya no pensó, luego se sentó en el primer banco que encontró. Sin darse cuenta, había terminado en Central Park.

Lloró durante tres, luego cinco horas—el tiempo, el día, la vida no importaban. Lloró más en esas pocas horas que cuando su padre se ahogó en el río Cauca en Colombia.

Lloró por sus hijos, luego por sus padres. Recordó que había sido un mal hijo. Eso es—ahora lo veo claro. No sembré nada, y ahora no puedo cosechar nada. Tengo que terminar con esto.

Justo entonces, el tren No. 4 pasó rugiendo por debajo de donde estaba sentado, rumbo al Bronx. Pensó qué fácil sería saltar—solo bajar unas escaleras, tirar sus papeles al alcantarillado, su cuerpo a las vías, y todo habría terminado. Miró hacia arriba, como buscando a Dios, pero luego un sonido lo distrajo. En la canasta donde había dejado un regalo y un pastel, vio una ardilla y algunos pájaros comiendo lo que ella dejó caer. Una paloma despegó y se deslizó entre las ramas de un árbol. Berni siguió a la paloma cuidadosamente y descubrió un nido con tres pollitos.

Embelesado, escuchó la voz de una mujer: "Buenas tardes, señor. Muy bonito día hoy," mientras pasaba caminando.

Berni caminó unos pasos, llamó a casa y pidió por Lilian. Le contó dónde estaba, qué veía, y la invitó a venir a ver el parque. Ella aceptó de inmediato, y una hora después, paseaban y admiraban la belleza del lugar. Almorzaron en un restaurante cercano y luego tomaron un tren a Brooklyn. Berni y Lilian se quedaron absortos frente al Jardín Botánico. Berni pensó de nuevo y aceptó que sus hijos debían—y podían—hacer sus propias vidas, sus propias historias. "Son mis hijos, pero no son míos."

"Tengo que avanzar—cada uno busca su destino, y debo aceptar el mío. No tienen que esperarme. Lilian no tiene que esperarme." Se lo dijo mientras admiraban las flores del jardín.

El mundo de Berni retrocedió. Tengo que olvidar mi pasado. Mi pueblo—ahora un nuevo sol me iluminará. No reviviré mis aventuras sexuales, mis días universitarios. Nunca más estaré en la orilla del río viendo pasar el cuerpo ahogado de mi padre.

Distraído, Berni escuchó a Lilian gritar: "¡Mira allá—una flor negra. Una rosa negra!" Ambos quedaron asombrados y entendieron por qué el Principito se había enamorado de una rosa. Ella se acercó y le recordó que Colombia tiene las rosas más hermosas del mundo.

"Sí, es cierto," dijo Berni. Arrancó una rosa roja del arbusto más cercano y se la dio a Lilian. Ella lo abrazó, mirándolo a los ojos, y Berni lentamente acercó sus labios a los de ella. En ese beso, Lilian sintió que se desplegaba, y Berni se sintió como una abeja sorbiendo miel. En ese momento, Berni comenzó una nueva vida.

"De verdad," dijo Lilian, "la vida debe vivirse—pero tenemos que aprender cómo vivirla, y quien lo hace, alcanza la felicidad." Berni respondió: "Algunos aprenden temprano, y otros tarde, pero siempre vale la pena."

Al día siguiente, Lilian llamó a Berni a la fábrica—donde trabajaba el turno de 7 de la mañana a 3 de la tarde—y le dijo que pasara a saludar a su amiga, la exesposa de su sobrino, antes de ir a su segundo trabajo en el garaje de 4 de la tarde a medianoche, cuando cerraba. Lo hizo y encontró a María de las Mercedes, una hermosa mujer en sus bien cuidados cuarenta años.

Ya se había separado de un hijo del hermano mayor de Berni. La había conocido en Miami antes de mudarse a Nueva York. Se saludaron, y Berni prometió regresar temprano para sacarla a comer. "Pasaré por la oficina de mi jefe y le pediré que envíe a alguien a cubrirme. Estaré de vuelta a las 7 de la tarde.,"

Berni, María y Lilian fueron en busca de un buen restaurante de mariscos—el favorito de María. Durante la cena, cuando María supo que Berni no tenía estatus legal en el país, propuso matrimonio. Para Berni, fue una gran sorpresa—y aún más para Lilian, quien se excusó y fue al bar. Se había abierto una puerta para que Berni obtuviera la residencia en EE.UU.

porque María había sido residente permanente durante años. Lilian no regresó de inmediato, y María aprovechó la oportunidad para decirle que no lo hacía por dinero, sino porque "siempre te he amado." Berni estaba aún más confundido, pero afortunadamente, Lilian regresó justo entonces. Había estado llorando, aunque intentaba ocultarlo. Berni lo notó..

En cualquier caso, el regreso de Lilian ayudó—Berni no sabía cómo responderle a María.

"Mañana tengo que regresar a Los Ángeles, pero volveré en dos semanas—el 9 de noviembre. Ten todo listo para que vayamos a casarnos." María habló con certeza—la boda sería en dos meses.

Posteriormente, se fueron a escuchar música de antaño y a rememorar sus días en Cali cuando María había vivido con César Jr., el hijo del hermano de Berni, Julio César—la pareja más "pareja" que jamás haya existido.

Berni aceptó y agradeció a María por su noble gesto. Alzando un vaso de aguardiente—algo en lo que era muy bueno—los invitó a brindar. Uniendo su brazo al de María, le besó la mejilla. "¡Viva María, viva la vida, viva Lilian!", dijo en voz alta, poniéndose de pie. Esa noche, cada uno durmió en su propia cama, y Berni se quedó profundamente dormido, mientras las mujeres hablaban hasta pasada la medianoche. Lilian pensó que, de alguna manera, el tiempo la favorecería, porque Berni podría darle la residencia después de separarse de María. Pero, ¿cuándo sería eso? ¿O lo perdería para siempre?

María sabía que Lilian era la secretaria de Berni, pero no que estaba enamorada de él. Lilian no se lo dijo esa noche, temiendo que María pudiera retractarse de casarse con Berni.

Al día siguiente, Berni fue al abogado que su jefe le recomendó y pagó el 50% de los costos para obtener el divorcio de María Eugenia—la mujer que tanto había amado, que le había dado tres hijos a los que quería inmensamente, y a quien, en ese momento de su vida, ni siquiera sabía si podría olvidar. Dos meses después, Berni recibió el decreto de divorcio del tribunal y se casó con María de las Mercedes en una ceremonia solemne—aunque civil.

Esa noche, en la habitación del hotel, María se quedó dormida mientras Berni tomaba su "baño de bodas,"

El precio de eso fue que el flamante marido filtró su miel a través del cuerpo de una mujer que lo había estado esperando—había estado esperando doce años, once meses, diez días y nueve horas—desde el día en que lo vio por primera vez en el consulado panameño en Cali, donde ella era secretaria de la "viuda con dignidad" que era dueña de una agencia de seguros que Berni asesoraba.

Ella había estado contando los días. Se lo confesó esa noche al único hombre que había amado y amaría para siempre. Esa mujer era Lilian, que había tomado la habitación contigua a la de los recién casados..

Berni se levantó—o fingió hacerlo—del sofá en la habitación de María y, excusándose, salió a buscar un periódico. En la portada del The New York Times había un anuncio de una amnistía general para todos los extranjeros sin estatus legal— los indocumentados.

María no exigió ningún pago de su marido. Lo dejó claro. No obstante, Lilian hizo algo de doble filo: al día siguiente, visitando a María en su habitación de hotel, le regaló un billete de ida y vuelta a Colombia—específicamente a Cali. La fecha era abierta. "Úsalo el día que quieras—hoy, mañana, cuando sea." Por otro lado, podía, en cualquier momento, servir como una especie de "pago,"

Lilian había escuchado a María decir que no había visitado su país en tres años. María lo recibió con alegría, abrazó a Lilian y le susurró: "Dios te lo pague." Una semana después, el avión que la transportaba despegó del aeropuerto de LaGuardia en Nueva York, con destino a Cali..

Berni regresó al hotel a las 4:45 y se fue directamente a la cama. Allí estaba Lilian, justo en el lado donde Berni había visto a María durante una semana entera. Antes de perderse en los besos de su secretaria, le susurró al oído: "Serás la mujer más feliz del universo, porque solo contigo esta luna de miel durará toda la vida."

Nadie en absoluto sabía dónde estaban Berni y Lilian—de hecho, ni siquiera ellos lo sabían. Durante tres días, se quedaron en el mismo hotel, en la misma cama, sin siquiera saber si María había llegado a Cali.

Berni fue puesto temporalmente a cargo de la publicidad de la compañía. Su tarea era conseguir nuevos clientes para garajes. El equipo estaba compuesto por seis hombres, incluido Berni como supervisor. Uno de ellos era un joven de Esmeraldas, Ecuador. Parecía inocente—y lo era—pero también muy ingenuo. Una mañana, le mostró a Berni una carta para enviar a Ecuador y le preguntó cómo enviarla.

Berni lo llevó al buzón de la esquina y le dijo que metiera el sobre. Antes de hacerlo, el joven preguntó cómo sabrían los empleados postales que su carta era para Esmeraldas, Ecuador, si solo hablaban inglés.

"Tienes razón," dijo Berni, y luego le dijo que cuando levantara la solapa del buzón, debía gritar: "¡Señor, mi carta va para Ecuador!" El joven gritó tan fuerte que le quedó una tos de ahí en adelante. Se le quitó un año después, tras hablar—en inglés—con el empleado de la oficina de correos..

Mientras tanto, Berni recibió una cita para presentarse con su esposa en Inmigración en la embajada de los EE. UU. en Colombia. Llevó la carta al oficial de policía, quien le devolvió su pasaporte porque su caso ya había sido transferido a Nueva

York algún tiempo antes. Voló a Bogotá solo, a pesar de que familiares y amigos le dijeron que debía llevar a su esposa.

María le recomendó que se arriesgara, ya que ella no podía viajar—tenía un nuevo trabajo que no podía permitirse perder. Berni estuvo de acuerdo y vio la lógica; de alguna manera, le ayudó, porque no había dormido en dos noches pensando que él y su esposa solos en Bogotá—con esas noches frías y románticas—no podría serle fiel a Lilian..

Berni abordó el avión para su destino—solo, sin ella, sin Lilian, a quien invitó en el último minuto. Ella no podía viajar—o más bien, podía salir del país, pero no tenía forma de regresar; era indocumentada. Para sorpresa de Berni, ella dijo: "¿No quieres conocer a tu nuevo hijo—nuestro hijo?"

"¿Qué quieres decir?" respondió Berni.

Y ella, abrazándolo y besándole los labios, dijo suavemente: "Voy a ser la madre de tu hijo. Incluso si pudiera viajar, no debería volar. Estoy embarazada." No lo haría porque los primeros tres meses de embarazo son esenciales para el desarrollo del feto. Habló como si tuviera experiencia, aunque este era su primer hijo, su primer hombre, su primer amor..

Berni estaba recibiendo el mejor regalo que un hombre podía recibir: un hijo. La noticia le inyectó un nuevo vigor. Se le veía la felicidad; su paso se volvió rápido y decidido de nuevo. Su mente estaba clara. Sabía que este niño era una bendición de

215

Dios porque, con humildad, había aceptado perder a sus hijos—los amados descendientes de su matrimonio con María Eugenia. Durante este tiempo, también se enteró de que estaban empacando sus maletas para regresar a vivir a Miami.

En el vuelo a Bogotá, Berni charló con los otros pasajeros. Conoció a un colombiano que vivía en White Plains, cerca de Nueva York, y que también tenía una cita en la embajada al día siguiente que Berni. Sin levantarse de su asiento, Berni le compró un coche nuevo sin siquiera verlo. Lo pagó allí mismo, y el vendedor le entregó una nota para una mujer llamada Esperanza, quien le entregaría el coche a su regreso. El hombre se presentó como Gustavo Williams y dijo que había nacido en Armenia, Colombia.

Berni llegó a la embajada. Una hora después, lo llamaron. El oficial lo invitó a sentarse y le preguntó por su esposa. Berni miró hacia atrás y, sin mostrar su cara, respondió: "Se quedó afuera, hablando con una amiga que se encontró en el jardín."

"Bien, no hay problema," dijo el oficial.

"Firme aquí," señaló un lugar en el papel, y luego le entregó a Berni un sobre grande, explicando que solo podía ser abierto por el oficial de inmigración en el aeropuerto de Miami. Todo el procedimiento tomó solo cinco minutos, y Berni salió apurado.

Se fue de la embajada sin despedirse de los demás que esperaban allí—personas que solo harían preguntas que ponían aún más nerviosos a los que esperaban..

En la puerta de la embajada, tomó un taxi al hotel. "Por favor, espéreme," dijo con confianza, "diez minutos. Luego, si puede, lléveme al aeropuerto." El conductor esperó—exactamente el tipo de viaje que todo taxista espera. Fiel a su palabra, Berni regresó, y el coche aceleró hacia el aeropuerto. El taxista, impresionado, comentó que la gente que había vivido en los Estados Unidos aprendía a hacer las cosas con rapidez y precisión. "Sí, es cierto, señor," respondió Berni, sonriéndole a través del espejo retrovisor.

Berni voló a Cali. La visa le permitía quedarse en Colombia por 30 días—el sobre tenía que ser entregado en Miami dentro de ese período. Sin embargo, Berni no se quedaría más de diez días—justo lo suficiente para disfrutarlos al máximo. Al día siguiente de su llegada, se le vio en las calles de Juanchito, una mujer en un brazo y una botella de aguardiente en el otro.

Visitó todos los salones de baile, terminando finalmente en "Agapito," diciéndole a su compañera: "Este lugar me trae muchos recuerdos." Cuando amaneció, fueron a la orilla del río Cauca y se sentaron. Berni convenció a la joven de que a las seis de la mañana, un cuerpo de hombre flotaría, y él siempre esperaba allí para despedirse. Ella accedió a esperar con él.

Cuando Berni, llorando y gritando, le dijo que estaba flotando, ella se cubrió los ojos. Berni se puso de pie y se acercó al agua, como si quisiera saltar, pero la mujer lo agarró por la chaqueta y lo tiró al suelo. "¿Lo ves? Mira—allí va. Ese es mi padre; él pasa por aquí todos los días." Se quedaron allí durante dos horas. Cuando "despertaron," Berni se bebió un trago doble para tranquilizarse..

"¿Adónde vamos?" preguntó su compañera. "Voy a llevarte a otro lugar donde verás las estrellas de nuevo, pero más cerca— mucho, mucho más cerca. Y en lugar de miedo, sentirás algo muy especial." El techo de la habitación del hotel tenía una hermosa pintura del firmamento.

En el aeropuerto, Berni presentó su pasaporte, boleto y certificado de antecedentes penales al agente del DAS (Departamento Administrativo de Seguridad). El oficial revisó la lista de buscados y encontró el nombre de Berni con ambos apellidos —paterno y materno.

"No puede viajar, señor, está en esta lista de prófugos," dijo el oficial, llamando por el radioteléfono.

Berni pensó por un momento y luego dijo: "Mi certificado, que tiene en sus manos, acredita que estoy en regla con las leyes de este país. Está fechado hace solo ocho días, en el centro de Bogotá. Su lista de buscados tiene un año y dos meses de antigüedad. Así que, honorable oficial, cometería un error al no dejarme salir del país."

"Su certificado podría ser falso," remarcó el oficial, justo cuando llegaron dos policías más en respuesta a su llamada.

"Si insiste en eso, puedo quedarme el tiempo que sea necesario para probar lo contrario —y de paso ganar una suma fabulosa del gobierno a su costa, con una demanda," dijo Berni. (Su tono hizo que el oficial cambiara de actitud).

"No diría que es falso," respondió el official, " pero es sospechoso que haya sido emitido."

"Mire, señor," dijo Berni, "tengo una orden del Juzgado Penal Único del Circuito de Tunja, fechada hace diez días —anterior al certificado— donde el Honorable Juez registra que la denuncia es contra un homónimo, no contra mí. El asunto es que no creí necesario traerla conmigo, así que ya está a bordo."

"No hay problema," dijo el oficial concienzudo, "Puedo hacer que la traigan aquí ahora mismo."

"Proceda de inmediato entonces, porque podría perder mi vuelo," insistió Berni.

Capítulo 8
Nuevas Tierras: Union City

En ese momento, se desató un gran alboroto. Personal de la policía, DAS, FBI, DEA, empleados de la aerolínea y la prensa estaban en movimiento. El avión, ya en la pista, recibió la orden de detener su despegue. La tripulación fue instruida para recuperar la maleta de Berni, marcada con el nombre "Berni Gómez," Tomó una hora, y el aeropuerto quedó paralizado.

Solo los oficiales, empleados de la aerolínea y periodistas se movían. Cientos de personas se reunieron en los balcones, con los ojos fijos en el avión con destino a Miami. Por cada colombiano que viajaba al extranjero, en promedio, seis personas venían a despedirlo, y con un vuelo lleno, había 1,800 personas en el aeropuerto..

Una mujer le dijo a otra que el hombre debía tener dos kilos de cocaína en su maleta. Otra dijo que probablemente era un estafador, y que la maleta estaba llena de joyas. Un hombre declaró en voz alta que estaba listo para recoger los billetes que volarían por la pista. Un anciano le dijo a otro que era o armas —o una bomba. Todos tenían una teoría, pero nadie pensó que podría ser evidencia judicial.

La maleta fue arrojada al asfalto. Rodeado por más de quince personas, Berni la abrió y sacó el documento. Inmediatamente se lo entregó al oficial superior del DAS. El avión reanudó su viaje, y Berni regresó a las oficinas para esperar que la aerolínea le emitiera un nuevo boleto.

Berni abordó su vuelo a las 11 de la mañana —siete horas después de su salida original.

Al llegar a Nueva York, Berni no tenía residencia ni sobre. El oficial de inmigración en Miami le dijo que el sobre sería enviado por correo a su dirección, pero su pasaporte fue sellado.

Eran las siete de la mañana cuando Berni comenzó a trabajar —tres días antes de los días de vacaciones que le quedaban. El dueño de la empresa —un honorable y respetado hombre judío— lo conocía, y su jefe inmediato, un caballero colombiano que hablaba inglés perfecto, quería tanto a Berni que otros empleados preguntaban si el jefe era su hijo.

—Su nombre es Francisco Gómez, pero no soy su padre — respondía Berni Gómez, hijo de Doña Carmen y Don Marco, ambos fallecidos.

La empresa alquilaba la mayoría de los estacionamientos en Manhattan. El día que abrieron una nueva ubicación, todos los supervisores estaban allí, incluido Francisco, el dueño, y diez asistentes para estacionar los autos —Berni entre ellos. El dueño, el señor Zuiss, estaba en la oficina cerca de Berni y del baño —el lugar más importante en Nueva York, especialmente en Manhattan. El señor Zuiss señaló el baño y preguntó: —¿Está ocupado?

—No, señor —respondió Berni.

El hombre se quedó allí esperando, pero no pudo contenerse y se orinó en los pantalones. Berni no pudo evitar reírse y llamó a Francisco para preguntarle por qué el señor Zuiss no había usado el baño. Ese momento causó un alboroto —se convocó una reunión de emergencia, y las puertas del garaje se cerraron.

Después de una hora de discusión, interpretando la semántica en inglés y español, reabrieron, pero Francisco llamó a Berni a su oficina y le ordenó que fuera a trabajar a otro sitio. Le aconsejó a Berni que estudiara inglés. Al día siguiente, circuló un memorando que indicaba que cualquier empleado que no hablara inglés debía hablar con la gerencia.

Los solicitantes de empleo ahora tenían que ser bilingües. Berni fue reasignado a un lote en Queens, donde los clientes hablaban español. Un mes después, Berni presentó su renuncia, explicando a su jefe que los latinoamericanos no habían aprendido a dar propinas, y sus ingresos habían disminuido significativamente, afectando su presupuesto..

Al día siguiente, Berni estaba trabajando en Rapid Park. Se recuperó financieramente y comenzó a hacer compras con Lilian, ya que su hijo ya se movía y casi hablaba. Era un niño, como mostraba el ultrasonido, donde "se podía ver claramente,"

Era Halloween, 31 de octubre —las brujas estaban en la calle. Los brujos también. Berni nunca asustaba a nadie, pero le encantaba que lo asustaran, así que fue a una fiesta buscando un susto. Cuando llegó a casa, su esposa lo esperaba para decirle que estaba en trabajo de parto. Casi se muere del susto. Como el agua no se había roto, Berni sugirió que esperaran, pero comenzó a cronometrar las contracciones. Sabía que si los dolores venían cada diez minutos, era hora de ir al hospital.

Al amanecer, Berni sugirió que salieran a caminar para que ella dilatara. —Sabes —le dijo—, los médicos prefieren hacer una cesárea para evitar riesgos, y ni tú ni yo queremos eso, ¿verdad?

—Correcto —respondió Lilian, y bajaron los cinco pisos de escaleras, llegaron a la calle y caminaron unas diez cuadras. Berni habló todo el tiempo para distraerla, apoyándola por los hombros. De repente, un auto se detuvo —era su sobrina y su esposo. Ofrecieron ayuda, y Lilian le pidió a Berni que aceptara.

Llegaron al hospital y entraron por la sala de emergencias. Una vez allí, el agua de Lilian se rompió, y los dolores venían cada diez minutos. A las tres de la tarde, el hijo de Berni lloró por primera vez. Lilian ya estaba llorando de emoción, miedo y felicidad. Berni lloró de felicidad, igual que cuando nacieron los hijos que María Eugenia le dio.

—Es un clon —dijo el doctor—. Ya se puede ver que es idéntico a su padre.

En Nueva York, la capital del mundo, un ser humano había sido clonado —muchos años antes de que la ciencia sospechara que podía hacerse. Tenía todo lo que tenía su padre. No era solo similar —era exactamente igual. Trece años después, Marco Antonio —como lo nombró el sacerdote que lo bautizó— reconocería que también tenía la mente de su padre. Fue el mejor estudiante de octavo grado, igual que su padre lo había sido en primaria, secundaria y en la universidad.

Tras el nacimiento de Marco Antonio, su madre parecía muy feliz y sonreía con facilidad —algo que nunca había hecho antes. La familia comenzó a llegar al apartamento para ver al hermoso bebé; los vecinos y amigos llegaron. Los hijos de Berni —que no solían visitarlo— venían a ver a su hermano constantemente. Aprendieron a amarlo.

Berni se dedicó a su hijo. Ya no se le veía en la calle ni en fiestas con amigos, quienes lo molestaban diciendo que Lilian se había convertido en su freno de mano.

La historia se repitió con Marco Antonio, igual que cuarenta años antes con Berni, el hijo de Doña Carmen y Don Marco, en la Ciudad de los Milagros: la gente formaba una procesión para conocer al hermoso niño nacido en Navidad y prestado a las Hermanas de San Vicente de Paúl para ser colocado en el pesebre.

Berni estaba trabajando, muy distraído, en el garaje de autos cuando notó que un hombre lo observaba, sin perderse ni un solo movimiento. Era una tarde oscura de otoño, la temperatura rondaba los 6 grados Fahrenheit. El hombre llevaba un abrigo, sombrero y guantes. Berni se acercó y, al preguntarle si podía ayudarlo, se dio cuenta de que era su sobrino Fernel, el hijo de Argemiro. La última vez que hablaron por teléfono en Miami, dos años antes, Fernel le había dicho que regresaría en dos semanas. Le tomó dos años. Berni lo quería tanto que lo abrazó y dijo: —Gracias a Dios que estás vivo.

—¿Por qué dices eso, Berni?

—Bueno, no supe nada de ti, y encima, tu padre llamó preguntándome si te había visto o sabía dónde podrías estar.

—Berni —le espetó Fernel—, eres un idiota. Llevo un tiempo viéndote, trabajando como una hormiga. Mira lo flaco que te has puesto, rompiéndote la espalda para estos gringos por ocho dólares la hora. No seas tonto—vente conmigo y deja de regalarle tu vida a estos explotadores, a estos gringos hijos de puchas (nunca decía "hijueputas", solo "hijuepuchas").

—Dame unos minutos —respondió Berni, y fue a pedirle a su supervisor inmediato el resto de la tarde libre. De camino a casa, compró una botella de aguardiente para compartir con su sobrino—a quien quería como a un hermano.

Una hora después, entraron a la casa de Berni. Lilian los recibió, sorprendida—eran las 5 p.m., y Berni normalmente llegaba a casa a las 9. Se sentaron, y Lilian les ofreció comida.

Después de la cena, Lilian puso la botella sobre la mesa, y brindaron por una nueva vida, por los hijos, por los padres de Fernel, por las esposas—"POR ELLAS", dijo Berni en voz baja para que Lilian no lo oyera; ella tenía oídos como las paredes y estaba en la cocina lavando los platos.

Fernel se desparramó, y entre insultos hacia los americanos y elogios para Berni, dijo que tenía excelentes conexiones en Los Ángeles y San Francisco. "Quiero que te vengas conmigo, que trabajes poco y ganes mucho dinero. No soporto verte trabajar con este clima por cuatro lochas"—Berni registraba y devolvía un promedio de 200 coches al día..

—Este trabajo —dijo Berni—, es duro—especialmente para gente como yo, a los cuarenta y siete.

—Bernito, te quiero —dijo Fernel—. Así que arregla todo y vámonos. Te necesito porque eres alguien en quien puedo confiar, y el trabajo que te ofrezco es de pura confianza.

Berni se sentó a pensar y recordó que le habían ofrecido algo similar en Miami. "Sí," pensó, "el mismo tipo de negocio." Como su padre, después de unos tragos de aguardiente, Berni tendía a hablar más claro, y preguntó: "Gordo, ese trabajo que estaría haciendo allá—¿tiene algo que ver con drogas?"

—Bueno, no exactamente —respondió su sobrino—. Básicamente estarás en una casa elegante y amueblada en una zona residencial y te pasarás todo el día viendo la televisión.

—¿Nada más? —preguntó Berni.

—Los fines de semana, pasaré con uno o dos coches, uno o dos tipos, y te dejarán las llaves. Luego, dos o tres horas después, alguien a quien identificarás con una frase clave recogerá las llaves y se llevará los coches, uno o dos, los que sean. Así que solo manejarás llaves, nada más.

—Gordo, ya te presenté a mi hijo con Lilian—solo tiene ocho meses—y cuando nació, prometí que lo cuidaría, lo educaría y lo vería pasar por la universidad. No quiero que vuelva a pasar lo que sucedió con los hijos que me dio María—por mi irresponsabilidad, no he logrado que terminen la universidad, y no creo que pueda hacerlo ahora.

—No creo que sea tu culpa —dijo Fernel—. Lo que pasó es que el destino cambió los planes que tenías para ellos—y Hernán fue parte de ese destino.

—¡No, Gordo, no quiero ni debo culpar a nadie por la ruptura de mi familia!

—No seas tonto—todo es culpa de Hernán, y de tu mujer, o más bien de María Eugenia. ¿O es que tienes miedo?

—La verdad, ahora sí tengo miedo—miedo de que algo inesperado suceda y no vuelva a ver a mis hijos ni a Lilian —dijo Berni—para evitar sonar como un agorero al nombrar la caída y, como resultado, la prisión.

—Pero Berni, te lo estoy diciendo—no hay peligro. ¡Incluso me llevaré a Lilian y a tu hijo Marco, o, si quieres, a los cuatro!

—No, Gordo, ellos no se vienen conmigo.

—Berni, perdóname, pero no te reconozco—no eres el Berni que visité en Miami.

—Bueno —respondió Berni—, los tiempos cambian. Recuerdo —añadió—, ir a esa dirección en Coconut Grove a recoger la famosa 'muñeca'—como la narcomafia llama a cada kilo de cocaína, envuelto en tela y luego en plástico—y cuando regresé a casa escoltado por un coche patrulla con dos policías, ¿te acuerdas de la diarrea que te dio? ¿Gordo? ¿Y me llamas cobarde?

—Oh, lo recuerdo perfectamente, Bernito. Pero no me digas que tú tampoco te asustaste—¿asustado en los pantalones, sí o no?

—No voy a negar que me asusté, ¿pero en los pantalones? No.

—Mientras que tú tuviste diarrea por más de tres días.

—Bueno, eso es porque la paliza que le di a mi esposa la mantuvo —replicó.

Esto es lo que pasó: Berni fue a recoger una "muñeca" al lugar que el Gordo le envió, para probar si tenía las agallas para unirse a la organización. Muy astutamente, Berni pensó que la mejor manera de evitar que la policía lo detuviera y encontrara la mercancía—un kilo de cocaína—era que lo escoltaran a casa. Sin darse cuenta, Berni estaba inaugurando una nueva era en el narcotráfico de EE.

UU., porque a partir de entonces las drogas serían escoltadas, en la mayoría de los casos, por coches de policía. Así fue: un hombre que Berni no conocía—y nunca volvería a ver—dejó un paquete con la "muñeca" en el maletero de su coche, lo cerró, y, como si nada, Berni detuvo un coche patrulla que pasaba.

Le dijo al oficial en español que necesitaba ayuda; cuando el conductor no entendió, Berni llamó a un transeúnte y le pidió que les dijera a los oficiales en inglés que lo guiaran a la dirección que les mostró—dijo que era un turista y no podía encontrarla. Los oficiales le dijeron al voluntario que le dijera a Berni que los siguiera.

Quince minutos después Berni llegaba a su casa, escoltado por un coche de policía de Miami. En ese momento, su sobrino Fernel, mirando desde la ventana de la sala, corrió al baño. La diarrea le duró tres días..

—¿Y dónde diablos te llevaste la "muñeca?"

—Oh, Bernito, nos la comimos—era un pollo congelado del supermercado. Lo traje de vuelta, y tu secretaria lo cocinó.

Ambos se echaron a reír, se miraron y siguieron riendo.

Entre un trago y el siguiente, Fernel siguió instando a Berni a que empacara sus maletas. Berni respondió que no abandonaría a su familia. "No pierdas tu tiempo, Gordo. Mira— es mejor que regreses a Colombia y estés con tu padre; él te necesita, y a su lado, puedes convertirte en un hombre muy rico. El transporte es uno de los mejores negocios del mundo, y sabes que eso es cierto. La empresa de tu viejo —dijo Berni enfáticamente, tratando de persuadirlo—tiene una gran reputación, y bajo el ala de mi hermano, la harás crecer. Además, Arge ya quiere empezar a hacer la transición de la gerencia a otra persona; me lo dijo hace poco—incluso me pidió a mí que la dirigiera.,"

(El Gordo empezó a bajar la cabeza y dejó de presionar a Berni.) "Y hace unos días, leí en el The New York Times que el gobierno va a destinar 10 mil millones de dólares para luchar contra las drogas. Reclutarán a miles de agentes encubiertos—

conductores, cocineros de hotel, maestros de escuelas públicas—la guerra será total. Además, están introduciendo un proyecto de ley para duplicar las penas de prisión por conspiración, distribución, venta y uso de narcóticos. ¿Qué te parece, querido Gordo?" terminó Berni.

—Mira, Bernito, tú no conoces a estos gringos hijos de puchas. Todo lo que hacen o dicen es exagerado. Pero cuando llega el momento, se quedan a medio camino o menos. No pueden—y no quieren—acabar con las drogas porque son los mejores clientes para comprarlas y consumirlas. Acuérdate de lo que te digo ahora, a finales de 1986: luchan contra ella solo para las apariencias. Llegará el momento en que ellos mismos la legalicen. Colombia, Ecuador, Bolivia, Perú y México juntos no podrían legalizarla—pero los Estados Unidos lo harán, cuando quieran.

—Está bien —dijo Berni—. Nada de lo que dices es una locura. Pero no olvides—hasta que eso pase, yo, tú o cualquiera en el negocio podríamos pasar años en las sombras, en la cárcel o prisión, dependiendo de los cargos que presente el fiscal.

"Tus padres te quieren y te están esperando," añadió. "¡Déjame marcarle a tu papá para que le digas que lo amas!" (En las familias colombianas, una vez que se acaba una botella de aguardiente, los sentimientos se desbordan, y todos, uno por uno, cogen el teléfono para llamar a los parientes.) Mientras Berni marcaba, el Gordo ya había empezado a llorar, y Berni se

231

apresuró a hacer la llamada porque el pobre tipo estaba sollozando inconsolablemente—y lo peor de todo, lloraba horriblemente; su boca parecía un neumático de coche desinflado.

Lilian seguía diciéndole a Berni que vivir así era mejor que vivir en una celda. "No hay excusa válida para los que buscan dinero fácil a costa de su vida o libertad."

—Tienes razón —dijo Berni.

Al día siguiente, Berni recogió el coche familiar que había comprado de un compañero de viaje en su viaje a Bogotá para obtener su residencia en EE. UU. Claramente, Berni—y Lilian— no tenían vocación para ser mulas del narcotráfico.

Tres meses después de que Fernel se quedara en la casa de Berni —y tras la advertencia de Berni sobre las medidas antidrogas, y exactamente seis meses después de la primera advertencia—, Fernel cayó en manos de la DEA en Los Ángeles, junto con un exconductor de la empresa en Buenaventura, Colombia.

En Navidad, los colombianos suelen reunirse en familia para celebrar el Nacimiento. Se intercambian regalos y también se hacen promesas a padres, hermanos o amigos: terminar la escuela, cambiar de trabajo o finalmente completar algo que quedó pendiente. Fernel se arrodilló ante su padre —a quien amaba más de lo que se ama a un hijo de mente simple— y prometió no volver a traficar drogas.

"Padre, para cumplir esta promesa, no regresaré a Estados Unidos. Me dedicaré a tu empresa de transporte aquí en Buenaventura," Su padre, Argemiro, que lo amaba más de lo que se ama a un hijo "necio", lo abrazó, levantó el aguardiente e invitó a brindar por su palabra de hombre. Se perdonaron mutuamente y lloraron durante mucho tiempo hasta que se quedaron dormidos en el sofá de la sala..

No había pasado un mes cuando Fernel, diciéndole a su padre que iba a Cali a comprar ropa, fue directamente al aeropuerto Bonilla Aragón de Palmaseca y compró un boleto a Los Ángeles, California.

Sonó el teléfono en casa de Berni, en Nueva York. "¿Hola, quién es?", dijo...

Fernel inclinó la cabeza como japonés —pero no por obediencia o respeto, sino por ebriedad.

Al día siguiente, salió de la casa de Berni buscando a un conductor que vivía en Queens, Nueva York. Una hora después, los dos estaban en un vuelo a Los Ángeles.

Berni y Lilian vivían en un apartamento en el quinto piso de un edificio con más de 40 unidades, subsidiado por el gobierno local, donde pagaban solo $390 al mes de alquiler. Tenían que subir y bajar las escaleras todos los días para ir al trabajo.

Llevaban a su hijo al cuidado de una familia muy amable y cariñosa —Marco Antonio, el primogénito de Lilian y el cuarto hijo de Berni, de solo unos meses de edad. La mujer que cuidaba al hijo de Berni era muy hermosa, elegante y refinada, notablemente educada y culta, originaria de Perú, un país al sur de Colombia en Sudamérica, tierra de los chibchas; pero ella misma no tenía mezcla indígena.

Sus dos hijas eran igual..

Un día, Berni —todavía él mismo, pero también ese "otro" yo— salió temprano en un día libre cuando se suponía que debía estar en casa cuidando al bebé. Tomó al bebé y fue a la casa de la cuidadora, y al entregarle al niño, dijo: "Buenos días, señora. Hoy no solo le dejo a Marco Antonio, me quedo también para que nos cuide a los dos," La señora estalló en risas y, como pudo, tomó al bebé pero le dijo: "Don Berni, el niño se queda, pero usted se regresa por donde vino,"

"Oh, no, señora. Por favor, déjeme quedarme aquí con usted, porque tengo el día libre y mi esposa se fue a trabajar. Además —escuche— no puedo estar solo en casa porque le tengo miedo a la soledad,"

"¡Ja! Lo siento, pero no le creo ni una palabra," Y con eso, le cerró la puerta en la cara.

234

Berni seguía siendo el mismo. Ese otro yo —el que siempre lo acosaba cuando estaba frente a una mujer, y más aún si era hermosa.

Sonó el teléfono. Una voz lejana.

Capítulo 9
Encrucijada en Miami

"Yo, Berni. ¿Quién está ahí?"

"Soy yo, hermano —Arge. Llamo desde Buenaventura. Por favor, Berni, averigua dónde, cuándo y por qué detuvieron a mi hijo —¡el Gordito!,"

"¿Qué? —Dios mío— ¿quién te dijo tal cosa?", preguntó Berni.

"Me llamó, pero no pude entender dónde estaba; lo más claro fue que estaba en la cárcel,"

"Bien, hermano. Cálmate y cuéntame más despacio qué entendiste,"

Arge tenía poca o ninguna información adicional. Berni prometió devolverle la llamada en tres horas y le pidió que no se moviera del teléfono.

Berni se puso a llamar a cada persona, oficina, amigo — cualquier lugar que pudiera tener noticias de Fernel. Cinco horas después, logró contactar a la esposa de un hombre que, muchos años antes, había conducido uno de los camiones de Arge. Su esposo no podía hablar. Ella estaba llorando, su voz temblaba de miedo un momento y de rabia al siguiente.

Berni logró entender que ambos estaban bajo custodia del FBI en Los Ángeles, acusados de narcotráfico, y que el juez leería los cargos al día siguiente. Ella tenía ocho hijos seguidos y, cuando se fue con Fernel, acababa de comenzar a construir su propio negocio de mecánica automotriz..

Berni llamó de inmediato a su hermano en Buenaventura y le contó todo. "Espera más noticias mías mañana y todos los días hasta que esto termine. No sé cuánto será la fianza para los dos, pero no te mentiré: es muy poco probable que se la concedan. Está a discreción del juez —y cuando se trata de colombianos, Su Señoría parece perder la discreción,"

"¿Hola? ¿Hola?", gritó Berni, pensando que la línea se había cortado.

"Sí... sí", dijo Arge, y no pudo pronunciar otra palabra.

Berni mantuvo a su hermano informado de cada novedad. Pero no le dijo directa y bruscamente que no tenía sentido contratar a un abogado —no podía aplastar su esperanza de que su hijo pudiera ser liberado.

Berni sabía que el sistema de justicia de Estados Unidos era uno de los mejores del mundo, pero para los colombianos acusados de narcotráfico y sus delitos agravantes relacionados, las cosas se cotizaban diferente. Es decir: un colombiano acusado de narcotráfico que no pueda presentar evidencia clara de un empleo legal en el momento de la detención no es una persona confiable para ningún juez.

Todo esto se lo dijo a Lilian, en lugar de a su hermano, el padre de Fernel. En casi esas mismas palabras, el juez que escuchó la apelación presentada por un abogado para Fernel confirmó el fallo. En estos casos, los abogados son más bien espectadores que protagonistas; lo que decide son los hechos que el tribunal considera "confiables,".

Berni amaba a su hermano y a todos los hijos de su hermano — entre ellos el Gordito, como todos lo llamaban. Era súper especial, con un encanto natural. Es extraño cómo las personas no tienden a prestar atención a las advertencias de otros, y Berni le había advertido sobre lo que podría pasar.

Berni y Lilian fueron a visitar al Sagrado Corazón de Jesús para dar gracias por la ayuda en resistir la tentación de ir con Fernel a Los Ángeles —no había sido fácil, no solo por el vínculo entre ellos, sino porque el dinero estaba allí en la casa de Chubby, listo para llegar y ser recogido. No era cierto.

En la casa de Arge —el tercer hijo de Doña Carmen y Don Marcos, quien algún día podría haber sido nombrado por el Colegio de Cardenales de Roma como el Santo Padre de los católicos, no porque fuera santo, sino porque era hijo de una santa, por su inteligencia, y porque nació en la Ciudad de los Milagros de Colombia, lo que debería haber garantizado que obrara milagros— ya no había risas.

En esa casa en la Isla del Cascajal, todos se movían como robots, sin saber cómo, por qué o cuándo había ocurrido la tragedia. Era una muerte en vida. Algo como estar enterrado vivo. Arge, el padre de Fernel, no se había equivocado cuando dijo que tenía el presentimiento de que nunca volvería a ver a su amado Gordito. Y así fue..

También había tristeza en la casa de Berni. Sus hijos se habían ido a vivir a Miami, y él tenía un muy mal presentimiento. Algo iba a pasar.

Lo mejor de todo lo malo que estaba por venir fue la noticia de que, en la oscuridad de la prisión, Fernel buscaba a Dios y se había dedicado a estudiar la Biblia. En efecto, lo encontró —y no fue difícil, porque los extremos se encuentran. Parecía que comenzó a obrar milagros entre la población carcelaria, y podría ser cierto: como su padre, había nacido en la Ciudad de los Milagros de Colombia.

Pero el poder del espíritu que decía tener como don de Dios no lo ayudó a sanar a su madre, quien murió primero; ni, ocho años después, a su padre, quien murió en su lecho de enfermo sin haber visto nunca a su Gordito libre..

En las conversaciones telefónicas entre Berni y Fernel desde la prisión, Chubby dijo que había bautizado a su padre y que este se levantó de la cama completamente curado —aunque se levantó para ir al notario a legalizar el testamento dejando su patrimonio a su hija, la única que verdaderamente merecía todas las propiedades y el dinero que Arge dejaría.

Ella fue la única que siempre ayudó a su padre y estuvo a su lado en los buenos y malos momentos. Fue la única que no emigró con su madre cuando ella y los otros hijos lo dejaron en una situación financiera desesperada muchos años antes de que lo arrestaran. Cuando Fernel se enteró de esto, se enfureció y comenzó a despotricar contra su padre y sus hermanos.

Berni le recordó un día que las palabras que usaba, exigiendo su parte del patrimonio, contradecían las palabras del Señor al joven que deseaba convertirse y seguirlo: "Déjalo todo y sígueme,".

Chubby salió de la prisión apenas un año después de la muerte de su padre, y mientras fundaba una iglesia cristiana para enseñar a la gente a dejar todo y seguir a Cristo, tomó el control de todos los activos de su padre.

En un solo año de regreso en la Isla del Cascajal, ya tenía dos camiones de 50 toneladas, la agencia de transporte, los edificios y el terreno donde estaban, los vehículos familiares, los muebles y las cuentas bancarias.

Se declaró heredero universal del patrimonio testamentado, y el testamento que tenía fuerza legal, que nombraba a su hermana menor como heredera —ella misma lo rompió, porque no tenía interés en las cosas materiales. Su hermano le había enseñado que la verdadera riqueza, la única que trae felicidad, es la riqueza espiritual. Ella obedeció..

Berni fue a Colombia para visitar al Gordo y cumplir su promesa: que juntos—con una botella de aguardiente entre pecho y espalda—llorarían hasta ahogarse en lágrimas. Eso era lo que habían acordado durante una llamada telefónica desde el edificio federal en El Paso, Texas, donde el Gordo había pasado "unos meses" en custodia. Berni esperaba que fuera el mismo de siempre, pero se equivocó.

Fernel no iba a beber con él a ningún lado. Era un abstemio. Berni intentó persuadirlo y no pudo. Intentó agitar sus sentimientos—su vieja costumbre—para que llorara de forma natural, sin estimulantes, y no pudo. Berni se despidió de ese "nuevo cristiano" frío, inescrupuloso, desagradecido, extraño, un peculiar hijo de Cristo que nunca más volvería a beber aguardiente para no ofender a Dios..

Berni amaba a Dios de una manera diferente, y se fue con su esposa Lilian—para entonces ya devotos el uno al otro—a beber aguardiente, a llorar por la muerte de Arge, por la muerte de la amistad y de los viejos vicios del Gordo, a brindar por la riqueza de los cristianos, de los pastores, de los sacerdotes, a brindar por la vida, el amor y la felicidad.

En la finca donde Berni y su esposa estaban, lo conocían muy bien, y cuando lo vieron llorar tanto, le preguntaron a Lilian por qué lloraba de esa manera. Ella les dijo que sus sentimientos estaban hechos pedazos porque, después de que Berni había venido desde los Estados Unidos, el Gordo no había ido con él a llorar a su hermano..

Cuando Amado y su esposa, los dueños del lugar rústico en las laderas de Dapa a las afueras de Cali, escucharon esto, les dijeron que no se preocuparan, que en cualquier momento se presentaría—porque "siempre viene a beber aquí; prefiere este lugar donde nadie lo conoce."

"¿Están seguros?" preguntó Berni, dejando de llorar.

"Sí, es verdad—hace solo dos días estuvo aquí, se emborrachó y se fue a un motel."

Berni se echó a reír y, levantando su vaso, brindó por la salud del Gordo.

En Miami, los hijos de Berni y su ex esposa vivían una vez más. Con unos pocos dólares, lograron comprar una casa. Un amigo peruano cercano, familiarizado con los procedimientos de compra, ayudó con el trato. Pero de repente, y bajo el cuidado de los médicos en el Hospital de Niños, el hijo de Berni y María comenzó a mostrar problemas de salud.

Los médicos estaban sorprendidos por el revés que veían en Alberto. Tres años en Nueva Jersey lo habían afectado mucho. Doce años antes, sus padres habían salido orgullosamente de la Clínica Chayo en Bogotá después de una de las mejores cirugías a corazón abierto que se haya realizado allí..

Mientras tanto, Berni comenzó a tratar de convencer a Lilian para que se mudaran de regreso a Miami a pesar de su mala primera experiencia viviendo allí. "Necesitamos estar cerca de mis hijos para cuando nos necesiten," le dijo a Lilian—quien ya sabía todo sobre el tratamiento de Alberto, ya que a menudo lo había llevado a sus citas en el hospital.

"Está bien, vámonos," dijo ella. "Pero necesitamos empezar a preparar todo." Lilian tenía un afecto especial por los hijos de Berni, pero en ese mismo momento, su madre estaba viviendo en su apartamento. Cuando Lilian propuso la mudanza, su madre se negó y decidió quedarse en el apartamento de su hijo. Berni era consciente de lo dolorosa que sería esa despedida, pero también conocía la situación por la que el propio Berni estaba pasando.

Después de que se pusieron de acuerdo, Berni llamó a su hijo en Miami y le prometió que para su próximo cumpleaños, en marzo, estarían juntos de nuevo. Alberto estaba feliz.

En la madrugada del 30 de enero, todo estaba en calma y la gente dormía, pero Lilian—que dormía con los oídos más allá de las paredes—escuchó a alguien llamando a Berni. Se asomó y vio, en la acera junto a la puerta principal, a un amigo de Berni—el mismo hombre que le había vendido un coche en pleno vuelo a Colombia. Lilian despertó a Berni, y él le lanzó la llave de la puerta principal en una bolsa de plástico.

"Hermano," dijo el amigo, "me llamaron a las 6 a.m. a mi apartamento porque tu teléfono no contestaba. Tu hija dice que te han estado llamando desde Miami desde el amanecer. Tu hijo Alberto ha muerto."

Berni había dejado de fumar cuando nació su hijo Marco Antonio, pero sin darse cuenta, se encontró fumando y llorando.

Después de una ducha—solo la mitad de lo que usualmente duraban, porque su cuerpo estaba temblando—Berni se fue con su amigo Gustavo. Nunca se le había visto temblar, ni siquiera cuando se paró frente a un toro durante uno de los festivales en Lomitas, el pueblo donde sus padres habían vivido una vez en su retiro. Ni siquiera la hemofilia le había impedido, junto con Fernel, dar unos pases al animal. En la agencia de viajes, reconociendo la emergencia, emitieron los billetes; como su amigo no podía ir con él, Berni le pidió a su hermana que fuera en su lugar.

Berni estaba inconsolable en el vuelo, y junto con su hermana—la mujer más llorona del mundo—inundaron el avión. Le contó que la noche anterior, había hablado con su hijo, y el chico le había prometido que esperaría para que pudieran celebrar juntos su próximo cumpleaños.

Falleció en el Hospital de Niños de Miami, bajo el cuidado de especialistas del corazón, en la lista para un trasplante, y después de someterse a una cirugía en la mejor clínica de las Américas, la Chayo en Bogotá. Sus padres hicieron todo lo que estaba a su alcance.

Familiares y abogados capaces, conscientes de la situación, recomendaron presentar una demanda contra todos los involucrados, como dice el dicho colombiano. Sin embargo, prevaleció el romanticismo latino—quizás una falta de ambición—y el consuelo de los padres residía en el hecho de que el dinero no podía traer de vuelta a su amado hijo. La escuela lo honró póstumamente con un diploma de bachillerato.

Estos eventos aceleraron el regreso de Berni y su familia a Miami. Dejaron las puertas abiertas en Nueva York, pero la madre de Lilian se negó a vivir en Miami. Berni se adelantó, conduciendo su coche. Un mes después, después de ahorrar para el depósito del apartamento y el costo de la mudanza de sus muebles, fue a recoger a Lilian y a su hijo.

Comenzó un nuevo capítulo. Berni tenía sus papeles en regla, incluyendo su divorcio. Sus hijos estaban ahora a solo 15 minutos en coche. El apartamento al que se mudaron estaba al lado del que ocupaba su hermano Jaime. Al otro lado del pasillo vivían sus hermanas, Libertad y Luzmila; incluso su hermana mayor, Lucila, la dueña de la farmacia, había venido a Miami como turista, con la esperanza de abrir un negocio. Todo parecía listo para la felicidad, esa felicidad esquiva que todos persiguen.

En sus casas y apartamentos, la gente iba y venía. Nadie era más feliz que Berni. Jaime y Berni organizaban fiestas de cumpleaños espectaculares y Halloweens—la "fiesta de las brujas," llamada pagana por mujeres santurronas que no beben o no saben bailar. Las fiestas "santas" comenzaban a las ocho de la noche y duraban hasta la mañana siguiente. Así es como celebran los colombianos. Sus fiestas nunca terminaban—continuaban al día siguiente, la semana siguiente o cuando fuera.

Una noche, llegó la policía—alguien había marcado el 911—después de que un vecino se quejó de la música alta y el tintineo del juego de la rana, cuyos anillos de bronce hacían un fuerte sonido cuando golpeaban la rana de bronce. Cada jugador tenía seis lanzamientos, y esa noche, más de doce personas hacían fila. El tintineo sonaba cada minuto.

El juego comenzó a las seis de la tarde; a la medianoche, todavía continuaba con fuerza. Jaime, Berni y sus hermanas—con la misma amabilidad, respeto y convicción que su madre

246

Doña Carmen había usado para convencer a otros de ayudar a los necesitados—se ganaron gradualmente a los dos oficiales.

Sin darse cuenta, los oficiales recogieron los anillos y comenzaron a intentar lanzarlos a la boca de la rana, "solo para meter uno," decían con entusiasmo. Se fueron al amanecer, solo después de que uno de ellos finalmente anotó. "Juego maravilloso," dijeron al irse..

Al día siguiente, durante un consejo familiar, decidieron que no solo tenían derecho a divertirse—sino que todo el vecindario lo tenía. Enviaron tarjetas de invitación a todos los vecinos. "Esto es el Triángulo de las Bermudas," bromeó Berni.

"Si nosotros estamos perdidos, es natural que todos los demás se pierdan también." En fiestas posteriores, se podía ver a colombianos, cubanos, puertorriqueños, nicaragüenses, dominicanos, mexicanos, haitianos, venezolanos, argentinos, brasileños y algún que otro europeo u occidental.

La multitud crecía: algunos eran católicos, otros evangélicos o cristianos, y otros de diferentes religiones—compartiendo el mismo Dios. Demócratas y republicanos—no había diferencias religiosas, políticas o económicas entre ellos.

"Tal como ves a toda esta gente reunida aquí, feliz y unida, sin prejuicios—así debería ser el mundo, mi querido amigo Manuel," le dijo Berni a su amigo más cercano, un bogotano apodado "Chino." Manuel—aunque no "simple," como a Berni

247

le gustaba bromear—era increíblemente inteligente. Extrañamente, se había unido a una secta religiosa. Eso no importaba; amaban a todos por igual..

Pero más que el amor, la amistad y la felicidad, la envidia y la ira prevalecieron. Una mañana, después de una noche de fiesta, Berni se despertó y encontró su apartamento vacío. Lilian—su secretaria, amante, compañera y la madre de su hijo—se había escabullido al amanecer. Lo peor de todo, se había llevado a su hijo, Marco Antonio, que solo tenía tres años. Lilian era la misma mujer que una vez había llamado a la policía. Berni había estado durmiendo con el enemigo. Después de varias horas de indagaciones, Berni se enteró de que Lilian ya estaba en Nueva York—para quedarse, para siempre.

Como a cualquier otra persona, Berni ya no podía mantenerse entero en la oficina, y su rendimiento comenzó a decaer.

Arge, su hermano, se enteró de la situación por terceros y llamó desde la Isla del Cascajal para invitarlo a trabajar con él. "Te necesito, hermano. Ven aquí y te haré gerente. Te transferiré todos mis poderes", dijo Arge. "Estoy viejo y cansado, y necesito a alguien responsable como tú," Berni le agradeció la oferta pero la declinó, asegurándole a Arge que si Lilian no regresaba en un mes, probablemente viajaría allí después de una llamada telefónica. "Está bien, hermanito. Te quiero", dijo Arge antes de colgar.

Dos semanas después, sonó el teléfono. Una voz ronca y nerviosa habló desde el otro lado. "Berni, si quieres volver a verme, tienes que venir a vivir aquí a Nueva York," Era la voz de Lilian. "Hola, Lilian, ¿cómo está mi hijo?,"

"Está bien", respondió ella. "Pero escúchame. Si quieres estar conmigo, darme la felicidad de estar cerca de mi hijo —criándolo, ayudándolo, educándolo—, puedes volver. Las puertas de la casa están abiertas,"

"¿Cuál casa?", preguntó Berni. "He alquilado una casa para nosotros. Mi familia se ha mudado; ahora solo estamos los dos,"

De hecho, Berni no mentía. Todos se habían mudado: Jaime a Miami Lakes, Luzmila a Nueva Jersey, Lucila de regreso a Colombia, y Libertad se mudó con Luzmila. El Triángulo de las Bermudas había desaparecido. Unos días antes de finales de noviembre, el huracán Lilian devastó el lugar donde había estado el triángulo. Quedó desolado, y los vecinos volvieron a sus vidas monótonas y aburridas. La zona volvió a llenarse de gente pegada a sus sillas, viendo telenovelas enlatadas en la televisión.

Berni fue claro con Lilian, y ella estuvo de acuerdo, pero con condiciones. Él prometió dejar el licor y trabajar más duro. Fue difícil para él, pero lo hizo, pensando en su hijo y en lo que ya había perdido —de nuevo— por el exceso de bebida y baile.

"La carga se ajusta en el camino", como dice el arriero cuando comienza el viaje. Lilian obtuvo lo que quería —Berni dejó de beber—, y él, a su vez, logró recuperar a su amado Marco Antonio. Dos días después, Berni abrazó a su hijo y a Lilian en el Aeropuerto Internacional de Miami.

Las llamadas telefónicas con Arge, el hermano de Berni, se volvieron más frecuentes e interesantes. En una ocasión, hablaron sobre el deseo de Fernel de convertir a Arge —su padre— al cristianismo, lo cual, según Fernel, era necesario para sanar de la enfermedad terminal que llevó a su muerte. Mientras tanto, los médicos intentaban salvarlo.

La propuesta de Fernel parecía más ventajosa porque, como dicen los pastores, cuando se logra la sanación, también se sana el alma y se gana la vida eterna. "Hmm. Una oferta dos por uno", dijo Berni. "Eso es un doble play,"

"Tonterías", respondió Arge. "Mi hijo no tiene nada que enseñarme sobre religión, y en cuanto a mi cuerpo, está más allá que aquí. La carne no importa,"

"Está bien, hermanito", dijo Berni, "pero no olvides que tu hijo te quiere vivo,"

"¿Vivo? He estado muerto desde el día que lo arrestaron", respondió Arge. "Bueno, hablamos luego, hermanito", dijo Berni. "Nos vemos pronto,".

El cristianismo estaba arrasando entre los católicos en Colombia, particularmente en la Isla del Cascajal, dentro de la familia de Arge. Solo Arge y Gabriel, otro de sus hijos, se salvaron. "Es un gran y delicado dilema", le dijo Berni a Lilian cuando discutieron el tema. Ellos se habían librado de la conversión, pero según los cristianos, no se librarían del juicio divino.

Un pastor gordito y convertido llegó a la isla, reunió a su rebaño y partió en busca de la salvación para todos. "Dios es el único que puede salvar el alma", dijo Berni. "Pero si alguien más ayuda, me parece digno de alabanza. ¿Verdad, señora Lilian?,"

"Lo que hay que hacer", respondió ella, "es que cada uno salve la suya,"

Creo que si alguien podía salvar un alma y convertirla en un espíritu puro, era mi hermano Argemiro. Era uno de los hombres más católicos que jamás hayan caminado por este planeta —excepto por algunos Papas de la Iglesia. Solo por un error de su madre, Doña Carmen, y Don Marco, no se convirtió en el Santo Padre de la Cristiandad. Si lo hubiera sido, no tendríamos que trabajar —todos estaríamos mantenidos, incluso en Mercedes-Benz.

Si hubiera sabido lo que sé hoy, habría demandado a toda la congregación jesuita de Francia, Roma y España —incluso los

251

conventos de este país— y al convento jesuita en Popayán, donde se creía que algunos jesuitas habían venido de la Península Ibérica, trayendo consigo ese vicio de la homosexualidad.

Quien salvó su alma fue Doña Carmen —a través de su amor por el Sagrado Corazón de Jesús, su profunda compasión por su prójimo y su bondad inquebrantable hacia todos los necesitados. Sin embargo, no se libró de otra tragedia. Apenas había terminado de llorar la muerte de su hijo Gustavo cuando le notificaron la muerte de su hijo Adalberto, el tercero de once hijos.

Adalberto, quien una vez intentó detener con su pie un barco de más de 10,000 toneladas para evitar que chocara con el borde de un muelle en el puerto de Buenaventura, era piloto trabajando para la Autoridad Portuaria de Buenaventura. Había muerto el día anterior de un paro cardíaco en la Ciudad de los Milagros —Armenia, Quindío, la capital mundial del café..

Adalberto, el segundo hijo de la familia, había fallecido hacía apenas 16 días, y el hermano favorito de Arge aún estaba en su búsqueda espiritual, buscando a Dios. Había estado salvando su alma, habiendo estado en el purgatorio por más de 30 años —suficiente tiempo para colocarlo en la cima de la lista de salvación de almas. Después de todo, las listas de salvación de almas se mueven más rápido que las listas de inmigración de Estados Unidos.

La situación es clara. Arge amaba a Adalberto como a un hijo, y Adalberto, a su vez, amaba a Arge como a su hermano. Cuando Arge murió, su espíritu visitó a Adalberto y lo invitó a unirse a él. Adalberto aceptó con entusiasmo. Luego, Arge intercedió ante Dios, y el Todopoderoso adelantó su turno, colocándolo en la cima de la lista. A medida que el corazón de Adalberto se debilitaba, pasaron dos semanas entre las dos muertes. Esto era de esperarse porque Adalberto había perdido a sus tres hijos —no porque fuera un mal padre como Berni, sino porque ellos habían tomado malas decisiones.

Antes de su muerte, Adalberto visitó la Ciudad de los Milagros con su esposa, donde realizó el milagro de reunir a sus hijos en el Día de la Madre —la mayor celebración en Colombia después de Navidad. Los perdonó, entregándole a cada uno la llave de su casa para que lo visitaran. "No lo hagan por mí", dijo. "Háganlo por su madre, que los ama más que yo,"

Mientras tanto, Jaime sería el único de los hijos de Carmen que terminaría en una prisión federal de Estados Unidos por cargos de posesión y tráfico de heroína, muchos años después de la muerte de su madre. El comercio de drogas estaba causando estragos en Colombia, y el atractivo del dinero por distribuirla llegó a Jaime. A pesar de su agudo instinto para el riesgo, no detectó el peligro a tiempo y fue atrapado en el aeropuerto de Miami con heroína.

Los bancos, por supuesto, nunca divulgarían información sobre el comercio mundial de drogas. La situación se parecía a lo que ocurre en el circo cuando el enano crece más alto. No podían despedirlo porque todos lo querían, así que decidieron quedárselo y esperaban que, al emparejarlo con otro enano, pudieran producir un niño de tamaño normal.

Berni pensó en esto, pero lo guardó para sí mismo, no queriendo escandalizar a sus visitantes.

La familia Gómez seguía enfrentando desafíos. Luzmila, aún joven, desarrolló una enfermedad grave en su riñón derecho. Como ella decía, si hubiera sido el izquierdo, su familia se habría negado a ayudar. Cada dos días, el médico tenía que realizarle diálisis. Afortunadamente, el seguro lo cubría, o habría muerto. De sus cuatro hijos, solo su hija podría haberla ayudado.

Berni y Arge tenían conversaciones frecuentes antes de la muerte de Arge —no solo por sus intereses compartidos, sino porque, con la edad, llega la nostalgia. Rememorar el pasado ofrecía una forma de lidiar con él. Discutían sobre amor, traición, mujeres, guerra, paz, religión y mucho más. Tenían mucho de qué hablar, y lo hacían con perspicacia.

Arge comentó sobre las guerrillas: "Ahora tienen poder económico, y justo cuando podrían haber tenido poder político, ya no les interesa. No están interesados en acuerdos de paz porque sería inconveniente ahora que están vinculados a líderes de carteles de droga, incluso aquellos en prisión. Además, obtienen sus armas a través de líderes rusos, que aún mantienen el poder político y económico de la antigua Unión Soviética,"

Berni respondió: "Creo que, por la paz, debemos ceder el territorio que exigen, pero el gobierno colombiano no debería permitirles gobernarlo,"

Un día, fueron a uno de los restaurantes más elegantes de la ciudad. Después, regresaron a casa porque Arge no se sentía bien —mostraba signos de una condición médica grave. El médico le había aconsejado no beber alcohol. Berni intentó convencerlo de que se uniera a él para tomar algo y dar un paseo por la ciudad, pero todos sus intentos fueron en vano.

Al día siguiente, Berni viajó a Cali para visitar a Jaime, quien estaba de vacaciones antes de su arresto en Miami por llevar poco menos de una libra de heroína. Jaime tenía una sorpresa para Berni. Había organizado una fiesta de bienvenida y, más importante aún, le presentó a una mujer que conocía desde la infancia. Habían jugado juntos en la Ciudad de los Milagros cuando eran jóvenes.

La mujer era hermosa, con medidas ideales y una sonrisa que valía millones. Berni quedó asombrado y sintió que era un regalo de la providencia. Después de unos tragos, se atrevió a proponer que terminaran el juego que habían comenzado en su juventud. Ella aceptó, diciendo que había estado esperando este momento durante mucho tiempo.

Pero entonces, en un giro inesperado de los acontecimientos, Berni cayó gravemente enfermo. Sufrió una ruptura intestinal y, siendo hemofílico, sangró profusamente. Fue llevado de urgencia al hospital en Miami, y lo que se suponía sería unas breves vacaciones se convirtió en una estancia hospitalaria de emergencia. Sobrevivió, salvado por la intervención divina, como lo había sido cuando era niño.

En cartas que sus hermanos Jaime y Arge recibirían más tarde, Berni les rogaba que tuvieran mucho cuidado, ya que la hemofilia era una condición peligrosa y traicionera que podía arruinar sus mejores planes.

Este evento en la vida de Berni lo obligó a tomar medidas radicales con respecto al alcohol y las relaciones sexuales. Renunció a todo, excepto a las relaciones. A esas nunca renunciaría.

Así lo expresó en una carta a su hermano Arge algún tiempo después de salir del hospital.

"Mi querido heredero de las monarquías," dijo el doctor de Berni en un tono lento, "nunca más podrá beber su aguardiente, fumar o participar en actividades intensas como jugar al fútbol. Su dieta debe ser sencilla y sin líquidos cítricos." Berni recordó las palabras del médico de hacía más de 37 años, cuando había estado en una condición similar.

Berni tuvo que vivir una nueva vida. Dos cosas lo preocupaban enormemente: una era el riesgo de contraer el SIDA debido a las transfusiones de sangre, y la otra era la asombrosa factura del hospital, que ascendía a $55,000.00 por solo seis días de hospitalización.

Las súplicas de Doña Carmen, las peticiones de sus esposas, las demandas de sus hijos—nada de eso había sido suficiente para que Berni dejara de beber. Pero ahora, Berni estaba decidido a cambiar su estilo de vida y dedicar más tiempo a estudiar inglés, con el objetivo de obtener la naturalización.

En los meses siguientes, se convertiría en ciudadano americano, y lo hizo, en una gran ceremonia en el mes de julio siguiente. Su esposa, María Mercedes, también se hizo ciudadana. En este día, concluyeron que cada uno sería independiente del otro, y las cosas no salieron como ella había esperado..

Como resultado de estos cambios, Berni logró reunir suficiente dinero para comprar una nueva casa dando un pago inicial.

Creía que Lilian y su hijo lo merecían, ya que él era el mejor estudiante en las escuelas a las que asistía, y ella era una mujer de gran carácter. El salario que recibía de una compañía explotadora no habría sido suficiente ni siquiera para considerar la compra de una casa, pero el dinero que recibió de la Princesa Diana de Inglaterra sí lo fue.

Berni no recibió el dinero directamente de la corona británica, sino de una forma indirecta. Un café había abierto en Coconut Grove con una atracción—un túnel que se podía atravesar a 90 millas por hora en una cápsula simuladora. Berni trabajaba en un parqueadero a solo unas cuadras de distancia y fue invitado a la inauguración del café.

A Berni se le ocurrió una idea para ganar dinero extra sin robar a nadie, ya que eso iría en contra de los claros ejemplos dejados por su padre, Don Marcos. Le propuso al gerente del café que le pagara $2 por cada turista o persona que viniera al café en su nombre. Se imprimieron miles de tarjetas con el nombre de Berni, y cada día, unos 100 turistas llegaban al parqueadero donde Berni trabajaba.

Después de ayudarlos, les daba la tarjeta y les decía que podían visitar el túnel donde Lady Diana había tenido su accidente con su amante. La curiosidad de los turistas era ilimitada, y las filas para entrar al café eran interminables. Cada día, Berni recaudaba $200, y terminó acumulando miles de dólares.

"En verdad," Berni le diría a sus amigos y familiares, "la princesita fue la mejor representante del Reino Unido para su pueblo y los otros pueblos del mundo. Si los europeos no hubieran empacado sus maletas y se hubieran ido, Berni sería un millonario hoy, un verdadero heredero de la realeza.,"

En otro viaje a Colombia para visitar a su familia y hermanos, Berni se sentó a hablar con su hermano preferido, Arge. Antes de su muerte, Arge expresó su preocupación por que sus hijos y nietos se convirtieran al cristianismo. Según Fernel, el hijo de Arge quería volver a bautizarlo. Arge le dijo a Berni que su hija, la persona que más amaba, ahora lo veía como a un extraño, como si ya no fuera su padre.

Capítulo 10
La Vigilia en el Hospital

"Bueno, hermano," respondió Berni, "lo que está pasando es que estás dudando de tu fe, por eso le tienes miedo a la llegada de tu hijo-pastor, y te estás distanciando de tu amada hija para evitar el problema. No temas, porque lo único que han hecho es cambiar de religión; su fe y amor por Dios siguen siendo los mismos que los tuyos. Nada cambia. Su base es la palabra de Dios escrita en tu Biblia.

Lo que están experimentando es solo una nueva guía. No sé quién será tu guía aquí, pero sé que la guía de tu hijo allí no es otra que el Sr. Cplan, uno de los pastores más famosos de América del Norte. El problema con las religiones es una cuestión de rebelión, una protesta contra ciertos parámetros.

En el fondo, todos amamos al mismo Dios, que cambia de nombre según las regiones, culturas y épocas. En cuanto a la fe, es la misma. Dale la bienvenida a tu hijo cuando regrese, escúchalo y déjalo conservar su fe, ahora vestida de cristianismo. Habla con tu hija, escúchala y acéptala con su nuevo atuendo. Ella siempre fue buena, y ahora se siente pura. Maravilloso.

Musulmanes, judíos, católicos, cristianos en todas sus diferentes divisiones, todos estamos buscando la salvación. Esta es la clave. Pero de todas estas tendencias, la más importante es el amor. Yo creo, mi distinguido ex-alumno del colegio Marista," concluyó Berni, "que ninguna religión puede dividir a padres e hijos. Deja que el dinero sea el que haga eso."

"Y desde aquí, ya sabes cómo manejar un tema tan delicado como la religión," dijo Arge.

"Bueno, mi querido hermano," dijo Berni, poniéndose de pie, "lo que pasa es que estás perdiendo la memoria. Los primeros conocimientos los recibí de ti. ¿Recuerdas el velorio de nuestro padre? Por otro lado," continuó Berni sin esperar una respuesta, "he estudiado la Biblia, y encontré que hay espacio para todos nosotros; y, en los Estados Unidos, solo se conoce la religión, al igual que aquí solo hay violencia, en Cuba, socialismo, y en Argentina, fútbol. Por último, déjame decirte, cuando llegas a mi edad, sabes casi todo, o ya no vives."

"¿Casi todo?" preguntó Arge. "¿Por qué casi todo?"

"Bueno, no todo," dijo Berni. "Si conociera a las mujeres, lo sabría todo."

Ambos se rieron a carcajadas y se dieron la mano en señal de acuerdo. Los dos conocían a cientos de mujeres, pero realmente no las conocían como eran en verdad.

Berni pasó momentos deliciosos con su hermano, y ahora que no estaban bebiendo, podían discutir más sobre economía, política y religión, pero menos sobre sexo y mujeres, ya que era a través del alcohol que hacían sus grandes conquistas.

Una vez de regreso en Miami, Berni volvió a su trabajo. El lote de tierra había sido utilizado para operaciones de estacionamiento. Algunos empleados de negocios cercanos, así como turistas, eran clientes de Berni. En raras ocasiones, contratistas se estacionaban allí. Un día, Berni estaba atendiendo el parqueadero en un fresco día de principios de enero cuando llegó un hombre, pagó por el estacionamiento y se fue a estacionar su vehículo, que era un vehículo cerrado utilizado por personas que transportaban materiales. El hombre le habló a Berni como si lo hubiera conocido antes.

"Usted debe ser cubano, ¿verdad?" preguntó Berni al recién llegado.

"Sí, nací en La Habana," respondió el hombre. "Y usted, es colombiano, ¿verdad?"

"Sí, señor," dijo Berni, sonriendo. "¿Dónde está la cocaína?"

"No, señor, yo no la vendo."

"Extraño, ya que usted es colombiano."

"Y dígame, ¿por qué este tipo César Gaviria quiere que Fidel ayude a liberar a su hermano, que fue secuestrado por los comunistas en su país? ¿Puede explicarme eso?"

Berni, sorprendido por la confianza y franqueza del hombre, tomó aire y respondió lentamente: "Primero, déjeme decirle, es más fácil para un cubano vender cocaína que para un colombiano porque mis compatriotas han transferido el negocio a sus compatriotas para evitar la implacable persecución policial. Tal vez usted no tenga mucha información sobre esto. Segundo, ese César Gaviria es un respetable ex-presidente de Colombia, quien, debido a su honestidad y conocimiento del Estado, fue elegido como Secretario de la Organización de Estados Americanos. En el buen romance del idioma español, esto sería como ser el Secretario de Estado de los Estados Unidos. Este honorable y excelente hombre le pidió ayuda al Sr. Fidel Castro para convencer a la guerrilla—hablando en su dialecto—de que liberaran a su hermano. Y así, la familia Gaviria pudo tener a su hijo de vuelta en casa—un colombiano respetable."

"De todos modos, querido señor, cuando necesite instruirse, venga por aquí, y con gusto lo ayudaré."

El visitante comenzó a alejarse, murmurando en voz alta que continuaría la conversación a su regreso porque lo estaban llamando para calcular unas reparaciones.

Una hora después, el hombre regresó y reanudó la conversación, preguntándole a Berni por qué los colombianos estaban permitiendo que su país fuera tomado por comunistas.

Berni se sentó en su silla y comenzó su respuesta: "Bueno, señor, ¿cómo se llama?"

"Roberto," respondió el hombre.

"Ah, bueno, Sr. Roberto," dijo Berni, "en mi país, hay menos comunistas que aquí. Y si lo que usted está sugiriendo es que la guerrilla colombiana es comunista, le diré que incluyen comunistas, liberales, conservadores, socialistas, ecologistas, religiosos y fanáticos hambrientos de poder—no solo por el poder económico, sino también por el poder político. Últimamente, también hay narcotraficantes y cultivadores de coca entre ellos. La cosa es que todos están unidos por un solo objetivo: crear represión contra el gobierno para obligarlo a satisfacer las demandas sociales. Por otro lado, en Cuba, su amada Cuba, el gobierno del Sr. Fidel Castro utiliza al ejército de gendarmes para reprimir al pueblo y obligarlo a entrar en programas sociales."

Roberto se acercó a Berni y le preguntó: "Tú eres comunista, ¿verdad?," Berni se rió y dijo: "No soy comunista, pero tú sí que eres un cubanismo," Berni continuó: "Para la diáspora cubana, cualquiera que no esté de acuerdo con sus puntos de vista es comunista," "¿Y qué es la diáspora?", preguntó Roberto. "Hmm, mejor déjame ir por mi tarjeta porque ya es hora de irme", respondió Berni. "Cuando regrese, te explicaré qué es la diáspora."

Berni había conocido a cientos de miles de personas que llegaban al estacionamiento donde trabajó durante tres años. Hablaba con todos, especialmente con los turistas de todo el mundo: españoles, que seguían siendo tan necios como siempre; alemanes, que ahora tenían la oportunidad de clonar y purificar la raza; rusos, que compartían la propiedad estatal como lo hicieron alguna vez los nicaragüenses; y latinos, mucho turismo, muchísimo turismo.

Cuando el estacionamiento estaba vacío, Berni tenía tiempo para escribir, y algunos de sus artículos fueron enviados al mejor periódico de Miami, donde algunos fueron publicados. Los demás no lo fueron porque había que dejar espacio para otras historias. La prensa tenía que dar ejemplo de democracia, incluso si los otros artículos no eran mejores.

Cuando el pueblo de Estados Unidos eligió a un demócrata, William Jefferson Clinton, Berni escribió para recomendar varias reformas revolucionarias para los sistemas de educación, salud y bienestar social, basadas en el cuento clásico de Oscar Wilde "El príncipe feliz." El presidente respondió, agradeciéndole por sus ideas en busca de un nuevo orden mundial para el nuevo milenio.

Pero el hijo de Doña Carmen, nacido en la ciudad más milagrosa del mundo, el mismo día del nacimiento de Jesús, estudiante destacado en las universidades de Cali, Colombia, estudiante de inglés en MDCC en Miami, ciudadano

265

estadounidense naturalizado, el mejor empleado en una empresa de gestión de estacionamientos y el colombiano más amigable —heredero por descendencia de la línea real de su madre— era el único empleado en la Tierra que no tenía dónde orinar.

Una fría tarde de diciembre, esperó hasta que no hubiera nadie alrededor y se metió entre los autos para orinar. El estacionamiento estaba lleno de coches. Cuando terminó, guardó su equipo en su lugar y estaba a punto de regresar a su trabajo. En ese momento, un auto tocó la bocina: era el mismo auto en el que acababa de orinar. Miró dentro y vio a la dueña, una ejecutiva bancaria.

La respetable dama lo llamó. Cuando Berni se acercó, antes de que ella pudiera decir algo, él inmediatamente ofreció sus disculpas, con el rostro ardiendo de vergüenza, la sangre subiéndole a la cabeza. Ella, con una sonrisa de Mona Lisa, aceptó sus disculpas y dijo que había observado todo. "No te preocupes, eres privilegiado. Felicitaciones."

Berni nunca había sentido miedo antes. Primero, porque conocía las estrictas leyes contra la exposición pública de órganos sexuales; segundo, porque la cliente era una dama respetable y distinguida, y sus jefes eran muy estrictos. Además, lo peor era que no tenía testigos para probar que no había malicia en sus acciones. Berni se quedó allí sentado, esperando a la gran delegación que vendría a despedirlo de su trabajo. Estaba seguro de que eso pasaría, a pesar de la actitud de la dama.

Más tarde esa tarde, Berni fue a casa y le contó todo a su esposa Lilian y a su hijo. "Creo", dijo, "que mañana me despedirán. Lo siento."

Al día siguiente, Berni esperó a que llegara su jefe o el equipo de gestión. A las 8 de la mañana, un auto se detuvo frente a su cabina. La dama que lo conducía era la misma del día anterior. Bajó la ventana del auto, lo miró y lentamente dijo: "Buenos días, Berni, ¿cómo estás?," Luego continuó hacia su lugar de estacionamiento y aparcó su auto. Desde ese día, ella se detenía a saludarlo todos los días, algo que nunca había hecho antes. Berni la llamó la "Mona Lisa" por su delicada sonrisa.

Lucila, la noble, estaba manejando su negocio de farmacia nuevamente en la ciudad de Señora. Su vida había cambiado, pero no lo suficiente como para hacerla miserable. Estaba con un hombre de 70 años, pero aún tenía la energía —o la "bomba pequeña"— necesaria para atender a una esposa.

Sin embargo, el único hombre que podía satisfacer todas las necesidades de Lucila era Ernesto, y era importante que su nombre fuera Ernesto. El problema con él era que había sido liberal y necio, como pocos liberales. Podría haber cambiado de partido y casarse con la mejor mujer de la época. Seguramente,

Don Marcos lo habría aceptado en su casa y le habría dado a su hija.

Después de todo, si era tan duro y tan liberal, después del matrimonio, podría haber regresado al bando liberal como si nada hubiera pasado. Si un camión puede volcar con 50,000 huevos, ¿por qué no puede un hombre con dos? Los hijos de Lucila de su primer matrimonio se opusieron a esto, pero el ilustre señor Vicente demostró que su interés en ella era puro, sin sexo.

Cuando se dio cuenta de los comentarios, renunció a todos los derechos sobre la propiedad de Lucila en una escritura pública, y así lo dejó documentado cuando ella falleció algunos años después.

Luzmila, la chica de ojos azules que había sido engañada por un hombre que la violó sin amarla nunca, continuó su lucha por vivir, soportando estoicamente su enfermedad renal. En sus conversaciones telefónicas con su familia, expresaba su cansancio pero nunca mostró deseo de morir. Quería vivir pero no estaba dispuesta a someterse al tratamiento para mantenerse con vida.

Miryam, la flaca que debería haber cambiado su nombre a Libertad, se mudó a Miami para escapar del frío de Nueva York. Había entrado en sus setenta. Solo los necios se quedan en el norte después de esa edad, cuando el frío se filtra en los huesos y llega al cerebro.

Berni visitaba frecuentemente su apartamento en un complejo residencial en Kendall. Un día, ella le dio la emocionante noticia de que Lilia, la hija menor de Doña Carmen, quien una vez se casó con un hombre que decía poseer una propiedad al pie de Vijes, cerca de Cali, llegaría pronto con toda su familia: su esposo, su hija mayor y los dos hombres del matrimonio.

Vivirían con su hija en Miami, 'mi muñeca', como siempre llamaban a Sherley. Sherley, una hermosa joven, había llegado antes, comprometida con un hombre estadounidense que pronto se separó de ella porque, a pesar de tener 30 años, aún estaba bajo el control de su madre.

Miryam y Berni compartían una fuerte relación fraternal, y ella le confiaba todos sus problemas. A menudo bromeaba sobre querer estar en el Libro Guinness de los Récords como la madre de todas las lamentaciones.

Podía convertir un vaso de agua en una tormenta y llorar más tiempo que Doña Carmen, quien lloró durante cinco años continuos después de que su hijo Gustavo muriera en un accidente de motocicleta a los 25 años. Miryam miraba por la ventana de su apartamento y lloraba cuando el día estaba oscuro y amenazaba tormenta.

Al día siguiente, si el sol brillaba y el cielo estaba azul, estallaba en llanto, agradeciendo a Dios por la belleza del clima y la vida. Lloraba por las tragedias de otros como si fueran propias. Sus emociones eran como capas de una cebolla: cada capa, un sentimiento diferente.

Lloraba más que las madres de los jóvenes asesinados durante la dictadura de Pinochet o las madres de los secuestrados por las guerrillas de Colombia.

Cuando Berni se enteró de que su hermana Lilia llegaría desde Colombia, gracias a las visas otorgadas por la Embajada de Estados Unidos, consultó con Miryam sobre invitarlos a cenar. Ella le aconsejó que tuviera cuidado, recordando un incidente cuando invitó a su hijo a cenar que terminó en desastre.

"¿Cómo? ¿Qué pasó? ¿De cuál de tus hijos estás hablando?", preguntó Berni, intrigado porque desconocía el problema.

Miryam respondió: "Berni, déjame contarte. Mi hijo Pacho prometió no volver nunca a su casa por lo que pasó la última vez que lo invitaste a cenar. Ese día, fue muy bien tratado, pero durante la comida, notó que no había tajadas de plátano maduro fritas. No se las sirvieron, lo cual es una costumbre tradicional en la cocina colombiana. Es su plato favorito porque siempre se las preparo."

"Lo siento, querida hermana, pero la verdad es que, después de diez años viviendo aquí, he perdido algunas de las tradiciones de casa. Te aseguro que esto no volverá a pasar," Berni fue a casa e inmediatamente le ordenó a su esposa, también colombiana, que no olvidara hacer tajadas de plátano maduro fritas para la cena, dándose cuenta de que fue un grave error no servirlas cuando se recibe a un invitado. "Tenemos que tener cuidado", le dijo. "En unos días, mi hermana Lilia llegará, y vamos a invitarla a ella y a su familia a cenar."

La familia Gómez había enfrentado muchos desafíos, y Berni reflexionó sobre el pasado. "Para tu información", le dijo a Miryam, "por un error de mi madre, mi padre se suicidó, a pesar de que Doña Carmen ofreció las disculpas más ceremoniales. Mi hermano mayor, el primogénito, también se suicidó porque su esposa le impidió asistir a una fiesta de cumpleaños. Nadie sabe si mi sobrino nos perdonará alguna vez por la ofensa que sufrió en esta casa. Que Cristo nos salve."

A partir de ese momento, Lilia tuvo cuidado de no cometer errores que afectaran su relación con Berni. Se dio cuenta de que no eran como otras personas que simplemente soportaban los altibajos de la vida.

Lilia le preguntó un día a Berni si la amaba con todo su corazón, y él le respondió: "El corazón es sólo un órgano que bombea sangre a todo el cuerpo. Es responsable de nutrir cada parte de ti. Pero el amor, Lilia, es una actitud—una emoción que una persona tiene hacia otra. Puede no ser correspondido. Son sentimientos como la lástima, la tolerancia, la ansiedad y la pasión. Si el amor se basara únicamente en el corazón, no terminaría hasta la muerte, o hasta que el corazón deje de latir. Pero cuando los románticos hablan de amor, se refieren a lo que alimenta la sensibilidad de las personas."

"Ah," dijo Lilia, "Entonces, ¿cómo explicas el gran dolor en el corazón cuando un hombre es infiel a su esposa?"

Berni respondió: "No es dolor en el corazón, es la reacción al orgullo herido, a la ofensa al respeto y a la persona. Es la presión en el pecho que viene con la impotencia."

Lilia reflexionó sobre la conversación en un profundo silencio, recordando cuán sensible era la familia Gómez. Berni, pensando en lo que su amada hermana había dicho, la tranquilizó: "No te preocupes por las infidelidades, porque estoy ciego. Ya no veo a otras mujeres." Esto consoló a la esposa de Berni, quien nunca había confiado realmente en él.

La semana siguiente, Mark, un estudiante de la escuela Kendall, se fue de vacaciones. Su padre le había prometido un viaje a Nueva York si traía a casa calificaciones de A- o A, así que le pidió a su padre que le hiciera las maletas. Berni confesó que, habiendo cambiado de empresa el mes anterior, no podía acompañarlo en el viaje.

Pero si su mamá aceptaba ir con él, no tendría problema en comprar los boletos. Lilia aceptó ir, no sólo porque sentía una atracción especial por Nueva York, la capital del mundo, sino porque ahora tenía plena confianza en su nuevo marido— nuevo porque Berni había cambiado significativamente. Ya no bebía, fumaba ni era infiel. Trabajaba duro y le hacía el amor, justo como a toda mujer le gusta.

Nunca había confiado tanto en él, dejándolo solo en casa. Dos días después, Berni se despidió con la mano desde la azotea del edificio del aeropuerto de Miami, adonde subió para ver el avión despegar, llevando a su hijo y a su esposa.

Los colombianos tienen un dicho: "El caballero se repite."

Y Berni era, en efecto, un caballero en todo el sentido de la palabra. Menos de 24 horas después de que Lilia se fuera, Berni ya tenía una cita con una amiga. Salieron a los clubes toda la noche, y cuando Berni se dio cuenta de que todo iba bien y que empezaba a extrañar a su amada esposa, le confió a su compañera.

"Mi esposa y mi hijo están de vacaciones en Nueva York, y sufro de pánico en la soledad. Esta noche no podré dormir. Tendré los momentos más terribles de mi vida." La dama le creyó.

Cuando aceptó lo que él dijo, bajó la cabeza para no notar su máscara. Pero su respuesta no fue la que Berni había esperado.

273

Le dijo que no podía quedarse porque no se había preparado para estar fuera de casa y no había informado a sus padres que regresaría al día siguiente. Berni lo intentó de nuevo, pero la cita nunca se concretó. Pasó esa noche en una desesperación total.

El alcohol, al que ya no estaba acostumbrado, lo enfermó y le dio mareos. Pasó más tiempo con la cabeza en el inodoro que en la cama. No pudo comer nada porque, a pesar de intentar recuperarse, nada se quedaba en su estómago. La llamó y le suplicó que viniera a cuidarlo, pero ella respondió que tenía demasiado trabajo para dejar la oficina.

"Qué ridículo vuelve a las mujeres este país", pensó Berni. "Le dan prioridad al trabajo, dejando el sexo para después." Se quedó dormido, esperando una llamada que nunca llegó. Durmió hasta el día siguiente.

Cinco días después, Berni llamó a otra amiga, Penélope, quien aceptó que él fuera. De camino, compró una docena de rosas rojas y una botella de aguardiente Cristal, un licor que ella había mencionado que nunca había probado antes. Esta vez, Berni bebió con discreción, especialmente porque estaba en su apartamento. Bailaron y brindaron por las cosas buenas de la vida.

Ella era una mujer hermosa, natural y agradable, una cualidad que poseen las mujeres puertorriqueñas. Bailaron tres canciones del CD cuando de repente Berni sintió la ausencia de su esposa. Ella lo notó. "¿Qué hacemos?", preguntó. "Vamos a la cama", dijo él. "Espera unos minutos mientras llevo a mi hijo— tiene 2 años—a casa de mi vecina."

Berni se sentó y esperó, pero ella regresó con el niño en la mano. "Déjame ir a casa de mi amiga en el piso de abajo", dijo. Pasaron diez minutos y ella regresó con el niño. "No te preocupes, mi amiga está en el otro piso, y ya regresó", dijo. La amiga no pudo cuidar al niño porque iba a salir a cenar con su marido. Penélope regresó media hora después, pero para entonces, Berni ya se había olvidado de su esposa. Estaba profundamente dormido. Ella lo despertó, le dijo que se fuera a casa y le prometió no dejarlo sin inspiración la próxima vez.

Berni se dirigió a su coche, lo encendió y se fue a casa. De camino, pensó que las fuerzas del mal estaban en su contra porque cosas extrañas estaban sucediendo.

Al día siguiente, se sentó a leer un libro de cuentos clásicos publicado por Editorial América S.A. en 1991 y continuó con el cuento "El Rey Cuervo." Cuando terminó, reflexionó sobre lo difícil que era tener sexo en Estados Unidos. Las mujeres trabajaban en la calle, luego regresaban a casa para trabajar y se quedaban dormidas de agotamiento.

Y las que no trabajaban tampoco podían hacerlo porque tenían que cuidar a sus hijos. "Qué momentos tan maravillosos aquellos con mi esposa cuando era mi amante", pensó Berni. Se dio cuenta de que esos momentos, llenos de pasión, no volverían. Miró el reloj y se dio cuenta de que su familia pronto regresaría de su viaje.

Era sábado por la tarde, un buen día para el amor, pero ¿seguiría sintiéndose igual? Berni concluyó que Lilia ya no se desvestía ni saltaba a la cama como gatos juguetones. Exigía las luces apagadas, las puertas y las cortinas cerradas. "¿En qué momento cometí el tonto error de casarme con mi amante?", se preguntó Berni.

¿Por qué el matrimonio convierte el sexo en un acto tan solemne? Antes, hacíamos el amor sin preocuparnos por la cama o si teníamos mantas. Cómo cambian las cosas. ¿Importaba, como ahora, ducharse antes y después?

Ahora, el sexo debe hacerse de tal manera que ya no se siente natural, como si fuera un pecado. Maldita sea, esto es lo que hace que los matrimonios fracasen, pensó Berni.

De hecho, estas reflexiones fueron las mismas razones que lo llevaron a su separación de María Mercedes. Ella también trataba el sexo como muchas esposas lo hacen.

Berni no parecía capaz de vivir esta nueva vida. Aceptaba los cambios que estaban ocurriendo en el mundo y en la vida de

276

las personas, pero no quería que afectaran su vida sexual, y especialmente la suya, pensó mientras se dirigía al aeropuerto. De regreso a casa, recogió el correo que había dejado el camión postal.

Entre los anuncios y las falsas ofertas de los comerciantes del mundo global, encontró una carta de su hermano, fechada dos días antes. Jaime estaba estudiando inglés en prisión. Su carta estaba llena de muchas palabras en el idioma de los americanos—el idioma de los negocios, del "Bussines."

Jaime se había dado cuenta de que aprender el idioma de los norteamericanos le abriría nuevas oportunidades cuando fuera liberado, y, sobre todo, lo ayudaría a evitar el abuso que había estado sufriendo por parte de los guardias en la correccional.

Berni le respondió y lo felicitó por sus estudios, asegurándole que una vez que la gente supiera que podía hablar inglés, se ganaría el respeto. También le escribió que Jaime debía recordar que el Nuevo Mundo no sería gobernado por relaciones diplomáticas, políticas, religiosas o sexuales, sino por las económicas. Para esto, lo mejor era saber inglés. Le escribió: "El francés es para la diplomacia, el italiano es para el romance, el inglés es para los negocios, pero sobre todo, para hablar con Dios, no hay mejor idioma que el español."

Berni conocía los problemas que enfrentaban los prisioneros, no solo en Estados Unidos, sino en las cárceles de todo el mundo—el hacinamiento, el abuso, la drogadicción, la desinformación y, sobre todo, la injusticia. Había aprendido sobre esto en sus estudios de criminología en la Universidad de Santiago. Berni visitó a su hermano y también recibió cartas de otros reclusos, incluidos algunos cubanos.

Berni esperó a que su esposa desempacara. Después de que su hijo salió a entregar un regalo a uno de sus amigos, le dijo a su esposa que la estaba esperando para darle el afecto acumulado. Ella, comprendiendo lo que él quería decir, respondió que no se sentía bien, pero con un guiño, confirmó: "No me siento bien, pero regresaré más tarde."

Berni volvió sus pensamientos a Colombia y comenzó a planificar sus próximas vacaciones.

Dos semanas después, Berni estaba sentado en la casa de su hermano Arge. Fue directo a verlo, sin siquiera pasar por los clubes de Juanchito, porque sabía que su hermano estaba gravemente enfermo de cáncer y ya mostraba el dolor que experimentan las víctimas de tales enfermedades. Incluso tuvo que ir a las oficinas de la Seguridad Social para adelantar los trámites de su pensión, a la que tenía derecho después de cumplir 60 años, una edad que se acercaba rápidamente.

Sin saberlo, esta sería la última visita de Berni a su hermano, y fue muy diferente a las demás. No hubo licor, ni mujeres, ni discusiones sobre sus asuntos habituales. Hablaron de negocios, finanzas, nuevos clientes y huelgas de transportistas, lo que afectaba enormemente a Arge. También discutieron otros asuntos relacionados con Buenaventura y el país. Durante la conversación, surgió el tema de la familia y los amigos.

"Tu país, mi querido hermanito, se dirige al fondo del abismo", dijo Arge. "La corrupción corre desde la oficina de la presidencia hasta debajo de ese puente de madera que ves allí. El sistema UPAC ha destruido a la clase media. La religión predominante ya no es el catolicismo porque los cristianos están haciendo proselitismo, y les resulta fácil convertir a la gente porque la fe se ha perdido."

"¿Cómo está eso, hermano?" preguntó Berni. "Bueno, los cristianos predican la fe en Cristo," respondió Arge. "Están reconectando a la gente con la fe perdida. Lo peor es que la Iglesia Católica no está haciendo nada para evitarlo."

" Bueno, querido, esa es una buena conclusión. La Iglesia Católica no está haciendo su parte porque no quiere volver a engañar a su gente. Ellos, el papa y los cardenales, saben que el asunto de una iglesia u otra es una cuestión de género, pero no de sustancia. Recuerda, el papa católico busca la reconciliación con las demás iglesias del mundo, y al final, este o muchos futuros papas no importarán; la Iglesia será una. Pero eso es algo que tendremos que esperar," dijo Arge.

279

"Hablando de esto," continuó Arge, "¿qué piensas de mi pequeño hijo gordo que quiere venir a realizar un exorcismo sobre mí porque piensa que tengo al diablo dentro? Dice que va a bautizarme y salvar mi alma." En ese momento, Arge se puso de pie. "Confieso que no lo soporto. Espero que pronto obtenga el perdón que pidió del Presidente de los Estados Unidos, y lo recibiré con los brazos abiertos y organizaré una gran fiesta para él, como el hijo pródigo en el pasaje bíblico." En ese instante, las lágrimas comenzaron a caer de sus ojos, pero no pudo continuar. Berni se levantó, lo abrazó y lo besó en la mejilla. Esperó a que llorara todo lo que necesitaba.

Más tarde, Berni lo invitó a caminar fuera de la casa, y juntos recorrieron el sendero. Berni le habló de otros temas, como el negocio de repuestos para motocicletas que estaba prosperando en la ciudad y en Colombia. Arge le contó que los japoneses lo habían invitado a visitar su país, pero debido a su enfermedad, tuvo que declinar la invitación.

Nueve meses después de este día, el hombre que fácilmente podría haber sido el que más amó a su hijo en la tierra falleció. Hablaron durante tres días continuos sin tomar una gota de licor. Durante sus conversaciones, discutieron las elecciones presidenciales, en las que competían el Dr. Horacio Serpa Uribe y Andrés Pastrana, entre otros.

No por falta de honestidad, sino porque no pertenecían a la casta política, no eran hijos de políticos, o simplemente porque

280

no pertenecían a partidos externos como el comunismo. "Y hablando de elecciones, querido hermano," dijo Arge, "¿por quién estás pensando votar?"

"Bueno, hermano, ya que preguntas, votaré por el Dr. Horacio Serpa Uribe, no porque sea mi santo favorito o el salvador del país, sino porque lo haré por disciplina liberal. Además, lo más grande y maravilloso de la democracia es precisamente votar por la democracia, incluso si temporalmente se llama Horacio, Andrés, Rousseau, Montesquieu, Thomas Jefferson o John F. Kennedy."

"Entonces, ¿ninguno de los candidatos principales inspira tu confianza?" preguntó Arge.

"Así es. No inspiran nada. Un buen candidato es aquel que puede mostrar justicia para los pobres, y ellos no dan la talla para eso. Son los mismos que hemos visto durante mucho tiempo: señores que, una vez elegidos, pasan por el gobierno sin dejar huella. Nada en absoluto, ni siquiera socialistas del calibre de Alfonso López Michelsen o Belisario Betancourt."

"Pero, ¿qué pasa con la pobreza en los Estados Unidos? ¿Qué ocurre allí con presidentes tan buenos y honestos?" preguntó Arge.

"Mira, hermano," dijo Berni, "en los Estados Unidos también tenemos pobreza, y mucha, pero la diferencia es que tienen programas sociales tan bien organizados y canalizados que la gente no detecta fácilmente a los pobres. Son tan miserables como los de aquí, pero hacen fila para recibir ayuda detrás de muros, a diferencia de gobiernos como el de Colombia, donde los pobres se mantienen en las calles. Otra forma de ocultar la pobreza es a través de préstamos de capital. Los trabajadores son 'favorecidos' con dinero a largo plazo para comprar una casa, un coche o pagar la educación, pero la mitad no logra terminar los pagos, y la otra mitad, cuando termina de pagar la deuda, ha pagado tres veces la cantidad recibida, ¡y las cosas, bienes o muebles que pagaron ya no valen nada!"

"¿Puedes darme un ejemplo de lo que estás hablando?" preguntó Arge.

"Claro," dijo Berni. "Digamos que tomas un préstamo de $50,000 a 30 años, y al final, después de 30 años, habrás pagado al banco $180,000, incluyendo intereses y costos. La casa que compraste después de 30 años estará cayéndose a pedazos porque está hecha con materiales desechables. Y todo lo que sabes podría perderse en un huracán, destruirse por una tormenta o consumirse por un incendio."

"Ese país es económicamente poderoso porque nadie escapa de pagar impuestos, y tienen un sistema salvaje de multiplicar el capital para que se duplique al menos cada cinco años. El dinero que más circula es el dinero de las tarjetas de crédito, y estas tienen un interés anual promedio del 18%. Fíjate cómo trabajan con el dinero. Las personas dejan su dinero con un interés anual del 9% en una cuenta de ahorros, y la misma entidad les otorga—sin que lo pidan—una tarjeta de crédito con un interés anual del 18%. Ahora, mira esto: el sistema bancario informatizado le da al dueño del capital la ventaja de convertir un dólar en tres, porque con la velocidad de detección, ese dólar se reinvierte. En otras palabras, en un cubículo de una oficina bancaria, estás firmando el recibo de un préstamo, pero ese dinero se queda en el banco, y en otra sucursal, otro cliente está haciendo lo mismo, y así sucesivamente. Este fenómeno es tan impresionante que tenemos personas que toman un préstamo y no retiran el dinero; solo les interesa tener el crédito, que al final es la carta de existencia. Si no estás en el régimen de crédito, no existes. Así de simple. Lo peor es que cada día los pobres están comprando la pobreza más cara."

"El resultado de este fenómeno es que las futuras generaciones tendrán que comprar su propia pobreza. Hace muchos años, los pobres solo eran pobres, pero con el sistema neoliberal global, ahora tienen que pagar caro por su pobreza."

En ese momento, Beatriz, la hija de Arge, notó a su padre con la boca abierta. Lo tomó del brazo y lo llevó a la mesa, invitando a los demás presentes a comer. La conversación continuó sobre temas de interés general, y pronto llegó la pregunta obligada: "¿Qué sabes de Jaime, tu hermano? ¿Cuándo sale de prisión?"

"Mi hermano," respondió Berni, "tiene que cumplir al menos la mitad de su condena, es decir, seis años y un día. Es fácil saber el día y la hora en que alguien entra a prisión, pero nadie sabe el día y la hora de su liberación. Será deportado a este país cuando esté libre, y por supuesto, lo entregarán a las autoridades aquí para que lo procesen. Por cierto, estoy recibiendo muchas cartas de cubanos en prisión que han cumplido 2, 3 o 5 años de sus condenas y aún están allí, solo porque Cuba—o más bien, Fidel Castro—no los acepta. Este es el crimen más vergonzoso del gobierno de los Estados Unidos, y nadie ha alzado la voz para condenar esta violación de los derechos humanos."

Berni se sentía feliz de estar con su familia de Buenaventura, a quienes siempre había querido, y extrañamente, ni él ni su hermano bebieron una gota de licor.

Tenía un profundo respeto por la enfermedad de Arge, el hijo de Doña Carmen, quien no se convirtió en el Papa de los católicos por un rumor estúpido de una mujer que lo amaba sin que él lo supiera—el primer amor platónico que existió. Cuando Berni llegó a Cali, fue directamente a las oficinas del Dr. Quijano, su antiguo profesor de Derecho Penal y decano de la Universidad, para presentar el caso de la pensión que Berni quería reclamar del Instituto de Seguridad Social de Cali.

Su profesor, como Berni lo llamaba, aceptó la autorización completa para ayudarlo con el reconocimiento y pago de la pensión, a la que Berni tenía derecho después de haber trabajado durante más de 10 años bajo las leyes de Seguridad Social en Colombia. Berni había trabajado por primera vez a los 10 años como dependiente en la panadería Belalcázar, mientras estaba en cuarto grado de primaria.

Desde el día en que aceptó el puesto ofrecido por su profesor, nunca dejó de trabajar, excepto por las vacaciones escolares lógicas y los feriados otorgados por los reglamentos de la empresa por cada año trabajado continuamente. Berni estaba a seis meses de cumplir 60 años, el primer requisito de la ley. El segundo era haber trabajado y cotizado durante 500 semanas a la Seguridad Social.

Berni tenía 689 semanas trabajadas y pagadas, cumpliendo con ambos requisitos. Con orgullo, Berni firmó el poder para su antiguo profesor. El Dr. Quijano seguía siendo el mismo hombre—amable, cortés y muy profesional.

Todavía tenía ese estilo de conversación agradable, interesante y anecdótico de los grandes conversadores—como el poeta Otto de Greiff, el estadista Laureano Gómez, el expresidente López Michelsen y el escritor y periodista Dr. Paneso Robledo.

Su profesor le dijo a Berni, sin haber recibido el primer dólar en honorarios, "Si quieres obtener el título de abogado de la

Universidad y la tarjeta profesional del Consejo de la Judicatura, estoy dispuesto a ayudarte con todos los trámites necesarios para que te gradúes con honores."

Berni le agradeció la oferta y, recordando lo que había sucedido 25 años antes, añadió, "Cuando obtenga la pensión de jubilación de la Seguridad Social de los Estados Unidos, lo que ocurrirá en dos años más, regresaré. Si aún mantienes la oferta, no dudaré en tomar los exámenes requeridos para graduarme como abogado."

"Eso está genial," dijo el Dr. Quijano. "Me encantaría verte como juez."

Al salir del restaurante, Berni se despidió del respetable grupo que lo acompañaba, incluidos los hijos del Dr. Quijano. Se fue en busca de otros amigos. Berni quería reencontrarse con todos los que había conocido durante su tiempo en Cali, la Sultana del Valle, la ciudad que le había dado los momentos más felices de su vida: personas y eventos que nunca olvidaría. No recordaba los momentos amargos; esos los había enterrado en los jardines de Central Park en Nueva York.

Berni visitó a todos sus familiares uno por uno y les expresó su amor y sus recuerdos. Se sintió como una despedida, como si nunca más lo fueran a ver, como si necesitara decirles a todos cuánto los amaba profundamente. Nunca antes había mostrado estas señales de afecto, especialmente no de la forma en que lo había hecho con la mujer a su lado. Pero esta vez, no era en busca del amor sexual, que una vez lo había hecho sentir vivo; que había sido la razón de su vida.

Después de sus dos semanas de vacaciones, Berni regresó a Miami, donde su esposa Lilian lo esperaba en el aeropuerto. Se abrazaron y se besaron en un beso eterno, y Berni le susurró al oído lo que nunca antes le había dicho: "Te amo como nunca he amado a ninguna mujer, y te juro que nunca iré a ninguna parte sin tu compañía." Berni fue tan sincero que Lilian tembló de emoción. Pero, siempre desconfiada, lo miró a los ojos y le preguntó: "¿Fuiste infiel?"

"No, no te preocupes. Regresé tan puro como me fui", respondió él. Lilian, aterrorizada al escuchar a su esposo decir esto, guardó silencio mientras conducían a casa.

Luego la sorprendió aún más diciéndole que iba a transferir todas sus propiedades a su nombre, duplicar el seguro de vida, retirar los certificados de depósito bancario para ser depositados a nombre de ella, y, por último, agregó: "Mañana iremos a la oficina del abogado para que el testamento que escribí durante el vuelo sea aprobado y legalizado."

La voz de Berni se volvió grave y habló con una certeza inquietante. Lilian estaba tan aturdida que no pudo decir nada. Pensó, sin decirlo en voz alta: "Esto parece algo trágico."

Capítulo 11
Dobles Traiciones

Esa misma noche, Berni llamó a su hijo, a quien tanto amaba, a la mesa y le dijo cosas que nunca antes le había dicho. El primer tema fue la economía. Le explicó por qué Estados Unidos—su pueblo, como él lo llamaba—era la principal potencia económica del mundo.

Marcos, a sus 13 años, entendió todo, no solo porque era inteligente, sino también porque las escuelas en este país enseñaban actividades económicas antes de la primera lección de ética. Marcos se interesó profundamente en los temas, y al día siguiente, continuaron su discusión sobre cuestiones sociales como la educación, la salud, el trabajo y la inmigración.

El tema religioso tardó varios días en ser cubierto, no porque Marcos no entendiera, sino porque con tantas iglesias, no fue fácil para Berni dejar a cada una con el mismo Dios.

Para terminar, Berni le recomendó a su hijo que siempre estudiara. "Estudia los evangelios, sin importar las cosas misteriosas que contengan. Estudia filosofía, literatura, lee todo lo que veas o recojas. Lee libros sobre economía, política, ciencia, cuentos, historia, y nunca dejes uno sin terminar. Aprende al menos un poema, porque en cada poema hay una mujer.

Ama a las mujeres, pero no intentes entenderlas. Confía en la gente, pero trata de conocerla para que estés preparado cuando intenten traicionarte. Si alguien te hace daño o te traiciona, no te vengues ni odies a nadie. Perdona a todos por igual y admira las cosas maravillosas que cada persona tiene. Ama a tu prójimo, pero distínguelo sin discriminar.

Pronto estarás solo en la calle porque no necesitarás caminar de la mano con nosotros, pero creemos esto por la fe en nuestras enseñanzas y en el ejemplo. Por lo tanto, esperamos que nadie te sorprenda con nada. Debes defenderte de las propuestas para usar drogas. Mantén tus sentidos alerta en todo momento para que puedas prevenir problemas a tiempo. Pero si un día caes en algo delicado, cuenta con tu padre y tu madre, pero antes de que podamos ayudarte, clama a Dios, porque yo podría fallarte, pero Él nunca lo hará.

La sabiduría te dará la capacidad de reconocer a los mentirosos, refutarlos con educación y respeto, pero al tratar con un tonto, déjalo o cambia de tema. Sé honesto contigo mismo y con los demás y nunca le hagas daño a nadie ni hagas cosas que parezcan incorrectas."

Después de estas charlas, Marcos se acercó más a su padre, y Berni lo consideró en todos sus asuntos y planes. Se les veía compartir como dos hermanos, a pesar de la diferencia de edad de 47 años entre ellos—la edad que tenía Berni cuando su hijo nació en la Capital del Mundo, la ciudad que nunca duerme.

Marcos dijo con orgullo en la escuela que tenía padres de verdad. A partir de entonces, su progreso académico fue notable y su simpatía fue reconocida. Pronto, fue nombrado Centurión y elegido como miembro estudiantil de la Sociedad Nacional de Honor. Marcos estaba agradecido con sus padres, y un día, les dijo que les prometía una beca para ahorrar el dinero que habían estado pagando para su programa universitario prepagado.

"No, hijo, gracias por tus buenas intenciones, pero eres tú quien debe prometer o comprometerse, no nosotros", dijo su madre, Lilian. Luego todos se besaron.

Berni había estado haciendo las cosas muy bien, casi a la perfección. Pero no estaba claro si este cambio de actitud se debía al pánico por la enfermedad terminal de su hermano o simplemente a un intento de rectificar y redirigir su vida. De cualquier manera, la transformación era evidente, y su familia y amigos lo notaban. Siempre que surgía la oportunidad, expresaba su amor por la gente.

En casa, era más comprensivo que nunca. Conversaba con las personas, intercambiaba ideas, enseñaba lo que sabía y buscaba lo que quería aprender. Estudiaba, leía, escribía, y en lugar de salir a las calles en busca de amor de mujeres, se sentaba frente a la computadora y comenzaba a escribir un libro: una historia sobre lo que había sucedido y las circunstancias que lo rodeaban.

Incluso se atrevía a escribir sobre lo que no había sucedido. Ficción o no, quería dejarlo por escrito. Era, después de todo, lo único que le quedaba por hacer.

Desde Buenaventura llegó la noticia de que, finalmente, los cristianos en la casa de Arge habían aceptado que un sacerdote católico administrara la sagrada unción a su padre y abuelo. Esta ceremonia, según las creencias católicas, se daba a cualquiera en peligro de muerte.

Su hijo Gabriel entró orgulloso con el padre Ruiz, un hombre distinguido por su fe y servicio a Dios, a la iglesia y a la comunidad. También era amigo de Arge. Se desconoce lo que Arge confesó al padre Ruiz, pero lo que sí se sabe es que menos de 24 horas después, Arge falleció, apenas dos horas después de ser ungido.

Increíblemente, el padre Ruiz nunca fue el mismo después de esa confesión. Nadie sabrá jamás qué lo afectó tan profundamente, ya que ninguno de los dos habló con nadie después de los últimos ritos hasta su muerte. Berni no se sorprendió por esto; sabía que su hermano se había arrepentido al enterarse de que iba a morir irremediablemente. Creía conocer la mitad de su vida, o al menos eso pensaba.

Durante ese tiempo, el pastor Fernel, llamando desde la prisión de Texas, intentó darle a Arge un bautismo espiritual para salvarlo de la muerte. Esperaba que Arge se levantara después de la sesión y luego fuera a la notaría en Buenaventura a firmar su testamento. El resultado del fracaso del pastor Fernel fue mejor para la iglesia cristiana. Si en ese momento hubiera salvado a su padre por teléfono, la humanidad lo habría sabido en minutos, y nadie iría a la iglesia en busca de salvación física o espiritual; esto se resolvería por teléfono o internet. Que Dios salve a las iglesias.

Berni ahora se miraba hacia adentro, buscando lógica en las personas, algo que nunca le había interesado antes. Quería rectificar. Estaba convencido de que la gente no debía esperar a que otros cambiaran; uno mismo debía cambiar. Nadie está aquí para asimilar la lección de otro, especialmente ahora; todos viven su propia vida. Los espejos no reflejan los rostros de los demás sino el tuyo propio. Comprendió que nadie debía ser domesticado por otro como si fueran animales. Cada persona debe ser su propio ser, con su propia experiencia.

Con el paso del tiempo en Estados Unidos, Berni escribió artículos para el Nuevo Herald de Miami, sobre temas como economía, programas sociales, política, religión y sexo. Entre ellos, publicó Los elementos de la tentación, una alusión directa al escándalo presidencial estadounidense de 1998, en el que afirmaba:

"La tentación puede verse en todas partes y en todo momento, especialmente en el trabajo, en la escuela, en el hogar, en el vecindario, en las iglesias y cuando viajamos. Las tentaciones más peligrosas son el dinero, la comida y los dulces. La tentación toma la forma de una mujer o un hombre, y lamentablemente también aparece como un niño.

Ataca sin distinción de raza, sexo, color, religión o condición. Hace caer a todos por igual, desde la gente sencilla hasta los privilegiados: reyes, presidentes, papas, obispos, sacerdotes, pastores, monjas, seminaristas, atletas o artistas. Nadie está a salvo."

La primera víctima, aún la recuerdo porque me afectó con su estupidez, fue un hombre llamado Adán. Cuando sucumbió a la tentación, disfrazada de serpiente parlante (pues en aquel tiempo las serpientes podían hablar), culpó a Eva, quien no pudo responder porque su cuerpo temblaba.

Las consecuencias de este acto fueron tan graves que aún estamos pagando por ese error: perdimos el paraíso, fuimos obligados a trabajar y luego a morir.

¿Cómo sería el mundo de hoy si las leyes promulgadas por los legisladores hubieran copiado la ley divina —la ley de morir por cometer el acto sexual, o por caer en la tentación sexual? Escribo lo que imagino: no habría más de doce personas habitando la tierra. En cuanto a mí, estaría sentado en la silla eléctrica desde mis inolvidables quince años.

Pocos escapan. El rey David (Jerusalén, 587 a. C.) enfrentó la más terrible tentación. Cometió un crimen para satisfacerla. La historia dice que envió al esposo de Betsabé al frente de batalla para que fuera asesinado por el enemigo y, después, se acostó con la tentación—se enfermó cuando vio a Betsabé bañándose frente a la terraza del palacio. El resultado de su pasión descontrolada fue el fin de su reinado.

El caso de William Jefferson Clinton estuvo muy cerca de la tentación. Cayó el hombre, no el Presidente, porque en ese momento no era más que un simple mortal, y uno no puede pensar en la esposa, los hijos, la familia, la sociedad, el gobierno ni el estado.

Cuidado con los niños. Cientos de miles, quizá millones, de jóvenes que recién descubren el mundo caen víctimas de la tentación del sexo y se ven obligados a abandonar sus estudios y sueños universitarios, sin siquiera disfrutar de su adolescencia, familia o amigos.

Como padres, debemos tener mucho cuidado con nuestros hijos porque los persiguen en las escuelas; los esperan afuera o en su camino a casa, como al inolvidable Jimmy Ryce. Lo peor es que muchas veces la tentación está dentro de la propia casa, actuando en apenas unos minutos, mientras los padres vuelven del supermercado o del trabajo.

Berni también escribió sobre el exilio cubano en un artículo publicado en el periódico El País, de Cali, Colombia, en la edición del 16 de noviembre de 1976.

Marco Aurelio, el hijo de Doña Carmen, fue finalmente el único Gómez que se quedó en Colombia. Amaba tanto a sus hijos que no pudo mudarse al norte. Sus viajes podrían haber terminado en tragedia debido a su ausencia. Cuando su madre echó a su padre a la calle, sus hijos declararon una huelga de hambre permanente—sin agua—forzando a su madre a traer de vuelta a su padre.

Una vez que se sentaron a la mesa con su padre, consideraron la huelga terminada. El mayor tenía solo 10 años. Este hombre orgulloso estaba en mejores condiciones que cualquier residente de los Estados Unidos porque no tenía que pagar lo que llaman "hipoteca"—un monstruo que, con su apetito insaciable, devora el dinero, la piel y el cerebro de los trabajadores.

Marco Aurelio era el dueño de la casa donde vivía con su familia. Fue el único hijo de Doña Carmen que, sin ser necio, vio a la virgen. Su hermana Lucila, la mejor hija que jamás existió, se la dio un día—no era ni siquiera su cumpleaños. Él, como miembro del grupo inteligente, nunca la alquiló, hipotecó ni vendió, siempre manteniéndola para el bienestar de sus hijos, nietos y descendientes.

En Nueva Jersey, Luzmila, la pequeña rubia de ojos azules de Doña Carmen, permanecería para siempre. Nunca volvió a casarse ni se unió a ningún hombre, y mucho menos sirvió sexo a demanda.

No se sabe cómo logró vivir el resto de su vida, pero nunca usó el método del "orgasmatrón"—un sistema que, a principios del nuevo siglo, se vendería para hacer que las mujeres alcanzaran el orgasmo sin relaciones con un hombre. Este invento asexual y despreciable fue rechazado por Luzmila, la desilusionada, y, como apareció un día, también desapareció.

Su salud fue atendida por médicos, y con su sabiduría, la mantuvieron viva sin salvarle la vida. Finalmente, en un día caluroso de septiembre de 2002, Luzmila, madre de Hernán, falleció en su casa en Nueva Jersey. Los médicos se aseguraron de que pasara sin sufrir, aunque ella se aferró desesperadamente a la vida hasta el final.

Jaime, el que orinaba en la cama hasta que su madre, Doña Carmen, amenazó con contárselo a una joven interesada en él, estaba en la lista de prisión. Era el más peligroso de todos, no solo por su lengua larga, que se notaba tan pronto como hablaba, sino por sus acciones y omisiones. Sin haber matado ni una mosca, causó un gran daño a su familia y a quienes lo rodeaban.

Fue el único de los once hijos que terminó en prisión. Si Don Marco hubiera estado vivo, su hijo no habría tenido más opción que permanecer en prisión. Y si Doña Carmen hubiera estado viva, habría pasado seis años llorando, pues su río de lágrimas nunca se secó, a pesar de los ataques contra ella.

Incluso tras las rejas, Jaime causó un enorme daño económico a los contribuyentes estadounidenses. Era el prisionero más costoso de todos. Debido a su hemofilia, era frecuentemente internado en el hospital. A la mitad de su condena, ya había pasado por múltiples cirugías, incluida una por una hernia en su área genital que sufría desde su juventud.

Los médicos realizaron la cirugía conociendo su condición médica, aunque no estaba claro si lo hicieron por necesidad o para aprovechar las contribuciones de los contribuyentes. El hijo de Doña Carmen murió por un tiempo, durante poco más de 10 días, pero volvió a la vida después de seis meses.

Fue salvado por los avances en la medicina, absorbiendo el factor 8 como coagulante, y porque el Señor Crucificado escuchó sus súplicas para salvarlo. Si hubiera pedido al Señor que salvara su alma, habría muerto irremediablemente. Jaime sigue siendo el creyente más devoto en Jesucristo, a diferencia de su madre, quien fue la devota número uno del Sagrado Corazón de Jesús.

La vejez de Berni estaba en peligro.

Previendo todos estos desafíos, hace 14 años, Berni fue a la oficina de Seguridad Social de los Estados Unidos y exigió que reconocieran las contribuciones que había hecho usando un número ficticio. En realidad, Berni había contribuido desde 1984 hasta 1987, pero la Seguridad Social solo reconoció los pagos a partir de 1988, cuando adquirió su residencia y número personal de Seguridad Social.

Berni no creía que fuera justo, especialmente viniendo de un gobierno tan respetable como el de los Estados Unidos. Así que, vestido con traje y corbata, se sentó con confianza y, con las piernas cruzadas y en un inglés fluido, dijo las mismas palabras que había estado practicando durante dos meses:

"Estimado y respetado señor, estoy aquí para solicitar que reconozcan mi derecho a obtener el monto acumulado de mis contribuciones, desde el primer pago realizado a mi nombre. Este dinero fue enviado por mi empleador a mi nombre, y dado que soy la misma persona, y ustedes nunca devolvieron esas sumas a pesar de saber dónde encontrarme, no puedo creer que una entidad tan seria y responsable como esta intentaría quedarse con dinero que no le pertenece. Si alguien me enviara dinero que no fuera mío, lo devolvería de inmediato. Por supuesto, ustedes me lo devolverán al jubilarme, pero espero que mientras esto ocurre, estas sumas se reflejen en mis registros y en mi beneficio. Espero una respuesta pronto, porque de ahora en adelante, no dormiré con la misma tranquilidad que antes. Por favor, transmita mis respetos y dígale que espero una respuesta favorable."

Pasó más de un año antes de que la Seguridad Social finalmente reconociera las contribuciones de Berni. Cuando recibió la noticia, lloró, reflexionando sobre los millones de dólares que la Seguridad Social mexicana para ancianos tenía, los cuales nunca habían devuelto.

Berni decidió viajar a Cali para recibir su pago, pero después de tantas llamadas telefónicas desde Miami con la secretaria de su abogado en la oficina de Seguridad Social, no estaba seguro si quería recibir el dinero o simplemente quería volver a ver a la encantadora y amigable Bety La Bella. Resultó ser lo último.

Ella estaba allí, esperándolo en la salida de pasajeros internacionales en el Aeropuerto Bonilla Aragón en Cali. Berni quedó impactado por lo mucho más hermosa que era en persona que en la foto que había recibido por internet, la cual había guardado en el bolsillo de su abrigo antes de salir de Miami.

No tenía las medidas de una reina, pero tenía todo para un rey, y Berni era el hombre adecuado para hacerla sentir como realeza.

Después de saludarse con un abrazo (Berni evitó un beso, necesitando asegurarse de que no la había seguido un hombre), intercambiaron cortesías. En el coche que Berni había alquilado para su tiempo en la "Capital de la Alegría," Bety se ofreció a llevarlo a explorar la ciudad.

"Bueno," aclaró Berni, "recuerda, viví aquí la mayor parte de mi vida, querida Bety. Sé exactamente lo que me dijiste por teléfono, pero debo decirte, Cali es una ciudad muy diferente ahora."

Ella se sentó junto a Berni en el asiento delantero mientras conducían, y Berni miró hacia atrás a los autos que los seguían. Sin que ella se diera cuenta, tomó una curva en la rotonda y se dirigió al norte. Cuando volvió a mirar, ninguno de los autos que los habían estado siguiendo estaba atrás. Más tarde, Bety se dio cuenta de la dirección en la que iba Berni y lo señaló.

"Estás perdido, Berni. Este no es el camino al centro de la ciudad," dijo ella.

Berni puso su dedo en los labios y dijo, "Sí, es verdad, estoy perdido, pero qué maravilloso es estarlo con una mujer como tú. Y sería aún más hermoso si nadie nos encontrara."

Berni sabía exactamente a dónde iba. El coche se dirigía hacia las afueras de la ciudad, hacia Yumbo, la capital industrial del Valle del Cauca, un lugar a 20 minutos donde Berni había pasado momentos muy especiales. Mientras el sol se ponía sobre el valle, los cielos se tornaban dorados, formando extrañas figuras.

El calor del día se disipaba mientras el cuerpo de Berni se ajustaba al fresco de la noche. Recordó un artículo que había escrito para su columna en el periódico de Miami, Los Elementos de la Tentación, y mentalmente se disculpó con el expresidente Bill Clinton por sus escapadas en la Casa Blanca.

Al día siguiente, Berni regresó a la oficina de su abogado, recogió los certificados de inversión que había dejado en una institución financiera y pagó por los servicios legales. Besó a la secretaria en la mejilla frente a su jefe, agradeciéndole por su ayuda.

La dirección a la que Berni había ido la noche anterior fue dada a Bety, como él lo había solicitado cuando estaba en Miami, aunque ella no conocía los detalles. Nunca preguntó, ya que era discreta.

De camino a la casa de la mujer que había recibido una serenata tan hermosa, Berni pensó en cómo le diría que todavía la amaba, que nunca la había olvidado, y que siempre hablaba con la luna, preguntándole si sabía cómo estaba y si era feliz. Pero ella estaba casada. Poco después de que Berni se casara con su amante embarazada, ella se había entregado a otro hombre en una ceremonia católica.

Sería muy difícil para Berni organizar un encuentro con ella. Había muchos factores que hacían imposible cualquier infidelidad por parte de ella: su esposo era un hombre con virtudes que Berni no tenía—fiel, a diferencia de la mayoría de los colombianos. La había amado desde el primer día que se conocieron, y su amor solo había crecido con el tiempo. Era un verdadero hombre, esposo y padre.

Berni sabía esto no porque lo hubieran tratado bien, sino porque había contratado a un investigador privado que había descubierto todo. Berni esperó una oportunidad para ofrecer apoyo a Esmeralda, pero ese momento nunca llegó. Su esposo nunca la maltrató, ni había ninguna razón para que ella lo dejara o se separara. No bebía, no fumaba, no consumía drogas, ni era un vagabundo.

Berni también sabía que ella no estaba en la ciudad.

La noche anterior, Berni había llegado a su casa y, siendo cauteloso, no causó ningún problema. Dio varias vueltas alrededor de la manzana, observando, pero no pudo verla. No llamó a la puerta, inseguro de si ella la abriría.

Dándose cuenta de que era hora de ir al aeropuerto y regresar a Miami, Berni dejó el coche alquilado y se dirigió al mostrador de American Airlines. En el aeropuerto, su esposa Lilian y su hijo Marco Antonio lo estaban esperando.

De vuelta en casa, Berni se sentó frente al ordenador y contrató una suscripción a Internet para mantenerse al día con las noticias sociales y la vida de Cali, la ciudad que una vez había mantenido a raya su felicidad. Cada día, desde su llegada, abría las páginas de El País y era actualizado por correo electrónico por su agente privado sobre los movimientos de la pareja.

La vida de Berni ahora estaba completamente satisfecha. Su esposa lo amaba profundamente, y sus hijos, Marco Antonio y los dos de su matrimonio anterior con María, lo visitaban a menudo, junto con sus nietos. En el trabajo, se había ganado la confianza de sus superiores debido a su honestidad y confiabilidad y tenía uno de los mejores salarios de la empresa. La semana laboral era ideal, de lunes a viernes, lo que le daba a Berni la flexibilidad que la mayoría de las personas en Miami, una ciudad turística, deseaban.

El futuro económico de Berni estaba seguro, gracias a su salario, su pensión de jubilación de la Seguridad Social de Estados Unidos y sus inversiones en Colombia. Lo último estaba asegurado en caso de quiebra de la empresa, lo que cubriría todos sus gastos si decidía vivir en Cali.

Los estudios universitarios de su hijo menor ya estaban pagados, y los de la escuela de medicina de Marco Antonio estaban ahorrados con cuatro años de antelación. Todo estaba cubierto, excepto la hermosa casa que poseían en la lujosa zona de Kendall en Miami.

En caso de emergencia, Berni tenía un depósito para cubrir tres meses de pagos de hipoteca, junto con una póliza de seguro de vida en la caja fuerte del banco, todo a nombre de

Lilian, excepto los depósitos a plazo en Colombia, que estaban a nombre de Berni.

En cuanto a su salud física, Berni estaba en excelentes condiciones, sin signos de enfermedad. Su médico, que lo revisaba cada seis meses, lo felicitaba por su bienestar. Productos como Viagra, hormonas, vitaminas o cualquier tipo de suplementos naturales de China o Japón no tenían cabida en la vida de Berni. No los necesitaba.

Desde su juventud, cuando las revistas para adultos y los videos porno comenzaron a entrar en Colombia, él fue uno de los primeros en acceder a ellos como empleado en una compañía de seguros. Sin embargo, nunca les prestó atención. Amaba la desnudez y la belleza de las mujeres, pero se había traumatizado después de ver una película que representaba a una mujer y un perro.

Nunca más volvió a ver contenido para adultos, y hasta el día de hoy, cuando veía a una mujer con un perro, lo ponía incómodo. Solía decir en broma: "Lo siento por las mujeres que aman tanto a sus perros", pero la gente no lo entendía.

No todos entendían a Berni, y tampoco Esmeralda, la mujer que recibió su serenata. Durante días después, se preguntó sobre la identidad del romántico serenatero que había permanecido en el misterio, escondido en las sombras. Berni sabía de antemano que su marido regresaría al día siguiente y que no le causaría ningún problema.

Capítulo 12
Legado

"Nada, bueno, pon atención", dijo Berni, con un tono de voz tranquilo. "Diez minutos antes de que terminen las horas de visita, iré al baño. Tú esperas afuera. Cuando golpee desde adentro, entras, te quitas la ropa, incluida la ropa interior. Yo me pondré tu uniforme, y tú usarás mi ropa. Ponte estos lentes de contacto—verdes, como mis ojos. Yo usaré estos marrones como los tuyos. Luego, salimos juntos, nos sentamos aquí. Cuando dé la señal para irnos, seguirás detrás de los demás. En la última puerta, hay dos guardias. Les mostrarás la tarjeta que llevas y te devolverán tu licencia de conducir. Camina lentamente hacia el Camry azul, estacionado a la derecha. Dentro, encontrarás una gorra como la mía. Hay una maleta con ropa para ti en el maletero. Te cambiarás una vez que estemos en la interestatal. El coche está lleno de gasolina y hay dinero en la maleta. Los documentos del coche están en la guantera. Puedes ir a donde quieras, pero recuerda, tu nombre es Berni. No te presentes en mi casa diciendo 'aquí estoy', porque mi esposa te reconocerá. No le gustan estas cosas."

Hizo una pausa por un momento, luego continuó: "¿Ha cambiado algo en el sistema de distribución de comidas o en las rutinas? ¿Alguna novedad? Me quedaré en la cama por tres días y hablaré poco para evitar cualquier pregunta que no pueda responder."

Berni esperó la respuesta de Jaime y luego dijo: "No te quites los lentes por ningún motivo. Si te molestan, usa uno de esos líquidos que venden en todas partes. Yo los mojaré con mis lágrimas, sabiendo que eres libre. Cuídate, hermano. Busca la llave en mi compartimiento debajo de la pata del lado norte de la cama. No la olvides."

Cuando Berni se levantó, se dio cuenta de que el baño de los reclusos no era el mismo que el de los visitantes. Le indicó a Jaime que golpeara la puerta cuando estuviera listo. Dos minutos después, Jaime lo hizo, y en cuestión de momentos, ambos hermanos salieron y se sentaron en la misma mesa. Para cuando la visita terminó, más de la mitad de los asientos estaban vacíos. Las filas para las despedidas eran largas, y la mayoría de las personas se estaban abrazando y llorando.

Berni le susurró a Jaime: "Nadie notó nada. Mira qué distraídos están los guardias."

Jaime estaba empezando a sentirse nervioso, pero Berni lo tranquilizó. Mientras se ponían de pie y se abrazaban, Berni dijo en voz alta: "Hasta pronto, Berni. No olvides regresar."

Jaime entendió la señal y respondió: "Regresaré la próxima semana. No olvides cuidar ese resfriado, querido Jaime."

Los hermanos, aunque no nacieron al mismo tiempo, eran gemelos en todos los aspectos: idénticos en apariencia, gestos y voz. Su parecido era tan asombroso que incluso el guardia no se detuvo a revisar a Berni cuando fue registrado para el regreso a la celda. Berni se dirigió directamente a la biblioteca para esconderse por un tiempo.

Mientras tanto, Jaime se movió a través de los siguientes puntos de control. El guardia en la última puerta lo miró, pero cuando Jaime abrió los ojos, los lentes de contacto verdes eran visibles. El guardia comentó casualmente: "¿Vives en Miami? Hermosa ciudad."

Jaime simplemente asintió. El guardia le entregó su licencia de conducir y lo dirigió hacia la salida. Mientras Jaime caminaba por la puerta hacia la libertad, sintió que sus piernas temblaban, y cuando llegó al coche, se sentó en el asiento del conductor, mirando al cielo. La vasta belleza del mundo lo abrumó.

Sintió una profunda conexión con el universo—en paz consigo mismo por primera vez en mucho tiempo. Mientras se miraba en el espejo retrovisor, vio un destello del parecido de Doña Carmen. Vencido por la emoción, un lente de contacto se le resbaló del ojo y le colgó de la mejilla. Mientras se secaba las lágrimas, un guardia se acercó y golpeó la ventanilla.

"Está bien, está bien", murmuró Jaime, encendiendo rápidamente el coche y alejándose.

Se dirigió al sur hacia Miami, la carretera por delante sintiéndose simbólica de su propio viaje. El camino hacia la libertad había comenzado, y Jaime pensó en la vida: lo hermosa que podía ser y lo difícil que era vivirla de verdad.

Al acercarse a una señal de la ciudad de Ola, Jaime se desvió de la carretera, con la intención de visitar a sus hermanas, Miryam y Lilia. Después de detenerse en una estación de servicio, llamó a Miryam, quien respondió después de dos timbrazos. Jaime le pidió su dirección y luego condujo hasta su casa.

Cuando Miryam abrió la puerta, lo abrazó con fuerza, asombrada al ver a su hermano. "Pero Bernito, ¿por qué no me dijiste que venías?", exclamó.

"Soy ese tonto al que te refieres. Soy Jaime", respondió.

"¿Jaime? ¡No puede ser! Pero sí, Dios mío, eres realmente tú," Miryam estaba en estado de shock, abrazándolo de nuevo. No podía creerlo.

Hablaron un rato, con Jaime contándole a su hermana sobre su tiempo en prisión, pero su atención se desvió rápidamente a encontrar a Lilia. "¿Dónde está Lilia?", preguntó.

"Llegará pronto. Solo está en la tienda. Ven, siéntate. Te haré algo de comer", ofreció Miryam.

"No, gracias, hermana. Solo vine a saludarte. Me dirijo a Miami para ver a mis hijas", dijo, antes de volver al coche y dirigirse a la interestatal.

Mientras Jaime conducía, no pudo evitar reflexionar sobre la importancia de la familia. A las 7:30 p.m., llegó frente a la casa de su hija Gloria. Estaba abrumado por la emoción. Sin esperar, salió corriendo del coche, gritando por ella. El shock y la confusión en su rostro eran claros, mientras sus hijos corrían en todas direcciones y su marido se quedaba inmóvil.

Más tarde, en la sala de estar, el marido de Gloria se rio entre dientes. "Pensé que te estabas volviendo loco, llamando a tu hija. Pero ahora, es hora de que hables y nos cuentes todo. ¿Cómo y por qué no te deportaron?"

Jaime sonrió y, después de un momento de silencio, mintió sobre su situación. Gloria, al escuchar su historia, salió de la habitación para preparar café.

Con una suave risa, Jaime dijo: "Bueno, ahora que Gloria está aquí, quiero decirles que se me concedió la libertad condicional", hizo una pausa, respirando hondo, "gracias a una petición firmada por Berni. Necesito regresar a la prisión el próximo sábado para la revisión final, y luego seré libre para irme."

Las lágrimas vinieron fácilmente después de eso. Abatido por la emoción, Jaime lloró mientras su hija lo consolaba. Las gafas

310

que llevaba se le cayeron de la cara y fue sorprendido en el momento.

Porque tienes anteojos verdes, papá," dijo Gloria.

"¿Dónde están?" —balbuceó Jaime—. "No sé cómo manejar estas cosas." Ella limpió los lentes y se los devolvió.

"Esos anteojos fueron un regalo de mi hermano Berni. Los usaba para parecerme a él y conseguir novia más fácil."

Todos rieron, excepto Jaime, que se quedó callado, reflexionando sobre su recorrido.

Jaime, conocido en Colombia como Lágrima por su carácter sentimental, había llorado durante quince minutos y dedicado cinco a hablar de su tiempo en prisión. Pero en ese momento, se juró a sí mismo que nunca volvería a perseguir problemas, ya fueran relacionados con drogas, alcohol, peleas o mujeres.

"¡Para, para! ¿Qué quieres decir con que no vas a perseguir mujeres?" —bromeó su hija—. "¿Es cierto que la gente sale de la cárcel gay?"

Jaime respondió: "No seas idiota. Lo que no haré es ir detrás de la mujer de otro."

Jaime, siempre tan emotivo, había intentado reintegrarse a la vida normal, pero su libertad temporal traía complicaciones. Berni, que había pasado por una experiencia similar, entendía lo difícil que era regresar a una vida que no había sido suya por tanto tiempo.

"Papá" —dijo la hija menor—, "queremos hacer una fiesta para que todos vengan a la casa a saludarte."

"Está bien, hija" —respondió Jaime—, pero tenía otra cosa en mente—. "Esta semana voy a estar orando a Dios, agradeciéndole por su misericordia."

Su hija, percibiendo su inquietud, le dijo: "Mamá te dará algo de dinero para los gastos, y con Gloria iremos a comprarte ropa." Hizo una pausa. "Por cierto, ¿dónde está tu maleta? ¿Cómo trajiste tu ropa?"

"Dejé algunos libros y cartas para cuando regrese" —contestó Jaime—. "Lo demás se lo regalé a mis compañeros."

"Quisiera tomarme un aguardiente" —dijo Jaime, tratando de aligerar el ambiente—. "Todavía estoy muy nervioso."

"No hay problema" —dijo su hija, y sacó una botella del bar. Después de unos tragos, la voz de Jaime se volvió ronca, pero el ánimo le volvió y pronto se encontró bailando, bromeando y sumergiéndose de nuevo en el ambiente despreocupado que alguna vez conoció.

La fiesta continuó hasta la madrugada, con visitantes llegando y el bullicio aumentando. Alrededor de la medianoche, Jaime se escabulló sin ser notado, marchándose con una mujer que acababa de conocer. Sus hermanas y el resto de la familia no le dieron mayor importancia, acostumbrados ya al comportamiento impredecible de Jaime.

Pasaron tres días sin noticias suyas. La familia, conociendo los antecedentes de Jaime y su tendencia a desaparecer, prefirió no contactar a las autoridades. Mientras tanto, Berni, ahora en prisión, enfrentaba las consecuencias de sus actos anteriores.

Capítulo Final
30 Años, Mi Amor

En la cárcel, la situación se había complicado. Su identidad como Jaime fue descubierta por su compañero de celda, Bertulfo. El descubrimiento ocurrió cuando notó un lunar distintivo en el pie de Berni que no coincidía con el de Jaime. Aunque sorprendido, Bertulfo guardó sus sospechas, dándole a Berni tiempo para pensar en una salida.

Berni sabía que su tiempo era limitado. Había planeado su liberación, y Bertulfo, un recluso cubano, ahora era parte de ese plan. «Voy a salir este sábado» —prometió Berni—. «Cuando lo haga, te ayudaré a salir. Pero necesito información: las direcciones de tu familia. Necesito sus firmas para la petición de clemencia.»

Bertulfo, aunque dudoso al principio, aceptó guardar silencio y ayudar a Berni a cambio de su futura libertad. «Tú no eres Jaime» —confirmó—, «pero no te preocupes, te ayudaré. Solo cumple tu palabra.»

Al final de la semana, el resfriado de Berni había pasado, pero el peso psicológico del descubrimiento lo había marcado. Mientras él y Bertulfo discutían en secreto el plan, Berni mantenía la mente acelerada y los sentidos alerta, preparándose para la fuga que ya estaba a solo días.

Pasaron todo el día juntos, y Bertulfo insistió en que estaba preso porque no había pagado el dinero que debía al dueño de una lancha que había traído parte de su familia a Miami.

«¿Pero cómo pudieron condenarte por una deuda?» —preguntó Berni.

«No, no fue eso. Lo que pasó es que me enojé y empecé a golpear al hombre porque me trató mal, y él llamó a la policía.

En lugar de decir la verdad, denunció que yo había entrado a su casa a robarlo.»

«Ah, ya entiendo. Entonces los cargos se basaron en la confesión del traficante de personas, lo que finalmente te trajo aquí.»

«Exactamente» —dijo Bertulfo, levantándose para ir al baño..

Berni quedó asombrado con la historia y pensó en cambiar de tema para buscar otros métodos de llegar a la verdad.

«De todas formas» —reflexionó—, «la coartada está bien armada, pero los fiscales en este país no creen nada. Y cuando usan un jurado, es aún peor porque esas personas no tienen conciencia. Y si alguno resulta tenerla, el juez se encarga de sacarlo del caso. ¿Cuándo acabarán con esta farsa?»

Esa noche, Bertulfo le entregó a Berni la información sobre su familia. «Confía en mí» —dijo, mientras le pasaba el papel—.

«Si notas algún movimiento raro, ven y avísame. Para la hora del conteo, estaré contigo.»

«Mañana estaré en la cama leyendo un libro que recogeré de la biblioteca...» —respondió Berni sonriendo. Se inclinó hacia su oído y añadió: «Si me entero de que no me ayudas a salir, voy a violar a tu querido hermanito.»

«¿Por qué es que ustedes los cubanos siempre piensan en esas cosas?» —rió Bertulfo, y ambos compartieron una carcajada.

A la mañana siguiente, Berni caminó lentamente hacia la capilla de la prisión, donde algunos iban a rezar, otros a llorar, unos a masturbarse y otros a tener sexo de cualquier forma.

Berni pronto oró a Dios, pidiendo intervención para que su hermano Jaime regresara. Pasó por la biblioteca y tomó un libro, Catch Me, Kill Me. Berni leía, pero no entendía; solo era un modo de minimizar el miedo que recorría su cuerpo y nublaba su mente. No oía nada: los presos pasaban y gritaban: «¿Desde cuándo esta loca se volvió lectora?»

Aterrorizado, Berni no pudo levantarse.

Las causas se unieron para afectarlo: el miedo por un lado, la deshidratación de la fiebre por otro, la falta de fe en su hermano y en Dios. Apenas tres horas antes había confesado al corazón de Jesús que esperaba con confianza el regreso de Jaime.

En siete días había perdido tres kilos, lo que lo preocupaba mucho. Estaba además completamente demacrado. La salida sería mucho más difícil comparada con la presencia y el rostro de Jaime. Podía ser descubierto también durante la revisión de entrada en la sala de visitas, ya que solo pasaría una hora. «Dios mío, desvía la mirada de los guardias en ese momento, o muéstrame fuerte y sano ante sus ojos.»

Quince minutos antes de las 2 p. m., Berni se levantó con gran esfuerzo y comenzó a caminar lentamente por el dormitorio, tratando de afirmarse en el suelo. Estaba atento al llamado. Media hora pasó después de las 2 p. m., y nadie venía a buscarlo.

«Tengo que orar.» Se arrodilló junto a la cama, y en ese momento, llamaron su nombre. «Gómez Restrepo, Jaime» —la voz retumbó en todo el lugar.

No había nadie en la fila, y el guardia, después de revisarlo de pies a cabeza, le dijo: «Deja ese papel en la canasta», señalando el lugar. El hombre le habló en inglés. Berni arrugó el papel y lo tiró para evitar caminar. Toda la información sobre la familia de Bertulfo fue a parar a esa canasta.

Berni apareció en la sala, radiante de felicidad, y se congeló al ver a su hermano. Colgaba de su camisa, y sus pantalones se sostenían de algo invisible. No tenían fuerzas para estar de pie y se sentaron. Quedaban apenas diez minutos para terminar la visita.

«¿Qué te pasó, hermanito? ¿Por qué estás en ese estado?» —preguntó Jaime.

«Eso es lo que yo quiero saber» —respondió Berni.

«Vamos al baño. Están a punto de cerrarlo» —dijo Jaime, y se levantaron. Jaime apareció en la puerta con el uniforme de prisionero, y Berni con la ropa limpia pero arrugada de su hermano.

En cinco minutos, Jaime le contó que desde que se había ido hasta esa mañana había estado revolcándose en la cama con una mujer, sin comer. «Solo nos levantábamos para acostarnos juntos. Creo que tomamos agua tres o cuatro veces y bebimos cuatro o cinco botellas de aguardiente. Creo que no solo he perdido tres kilos, sino también la noción del tiempo. Es gracias a ella que estoy aquí frente a ti.»

«Dios mío, qué grande y misericordioso eres. Bendito sea tu nombre.»

Se puso de pie, dio unos pasos hacia atrás y pidió a su hermano la llave del carro. Este se la entregó, y en ese momento Berni dijo: «Tus llaves están bajo la cama, en el mismo lugar donde las encontré. Adiós, hermanito, y que el Señor tenga misericordia de ti.»

Berni se marchó. La única diferencia con Jaime era la gorra con el nombre Miami en el frente.

«Cuídate, hombre, pareces enfermo de SIDA» —le dijo a Jaime el nuevo, que trabajaba su primer día en la prisión.

Media hora después, un Toyota deslizaba por la interestatal 75 sur, rumbo a la Capital del Sol. Eran las 3:30 p. m. de un sábado. Berni zigzagueaba el carro y cantaba al ritmo de la canción de Ana Gabriel Hasta llegar al mar.

Berni llegó a Miami. A pesar de su mal estado de salud, condujo tan rápido que cuando adelantó a un colombiano sin darse cuenta, este le dijo a sus compañeros que «ya empezó la fiebre Montoya —el piloto de Fórmula Uno—».

Pero la fiebre era lo que lo llevaba hasta su casa. Su esposa lo recibió diciendo:

«¿Te parece bonito dejarnos solos una semana y luego aparecerte así? Mírate, pareces un Cristo de tienda de a dólar. ¿Qué excusa tienes? Tu hijo y yo llamábamos a la casa de tus hermanas y ellas no sabían nada de ti. ¿Me vas a decir que estabas en Ocala? Pareces más bien que has estado revolcándote con alguna prostituta o vagabunda.»

Berni no respondió y se fue en busca de su cama. Pasaron varias semanas antes de que Lilian creyera la versión de su esposo sobre la fuga de Jaime.

Pero el huésped de la prisión de Hamilton ya estaba en Colombia desde el lunes siguiente a su regreso, es decir, al día después del domingo. Lo llevaron a medianoche en un vehículo que lo condujo a Miami, y de allí voló a Bogotá y luego a Cali. Fue deportado, y solo después de 20 años pudo regresar a Estados Unidos. Atrás quedaron sus tres queridas hijas, su esposa, sus hermanos, incluido Berni, quien le dio una de las semanas de libertad más inolvidables que jamás tuvo.

-Berni de nuevo en Cali frente a Esmeralda.-

"¿Pero eres el Berni que yo conocí en mi juventud?", preguntó ella.

"Sí, creo que eres tú, porque aún tienes esos ojos verdes que nunca olvidaré,"

Berni no dijo una palabra, pero pudo haberle dicho que no hablara hasta que le trajera un vaso de agua endulzada. Regresó y le pidió que bebiera el agua. Luego le dijo que la llevaría al médico para un chequeo.

"No, gracias, Berni. Estoy bien, créeme", respondió ella.

La secretaria, asustada pero inteligente, aprovechó la situación para decirle a Esmeralda que su cheque aún no había llegado y que debería volver el próximo viernes o antes.

Berni escuchó y pensó que esto le daba un tiempo invaluable, asintiendo a la razón y diciendo: "El dinero es bienvenido cualquier día,"

Cuando se fueron, Berni la invitó a tomar un café. Ella todavía estaba temblando. Se sentaron, y poco después, un empleado del establecimiento los atendió. Mientras recibían su pedido, Berni dijo: "Lamento mucho el fallecimiento de tu esposo. De ahora en adelante, estoy listo para ayudarte con lo que necesites. Créeme, ofrezco mi cooperación de corazón,"

"No sé si tendré otra oportunidad, pero debo decirte algo más. Te amo más que antes. Nunca te he olvidado, y lo peor es que no tengo intención de olvidarte. Fuiste, eres y siempre serás mi único amor. Siempre te he tenido en mi corazón y en mis pensamientos, y solo Dios sabe cuánto te extraño,"

"Berni, por favor. Nunca imaginé que aún me amaras", dijo ella.

"No sabes cuánto lloré por ti", añadió.

Berni tomó sus manos. "El destino coloca a las personas en diferentes situaciones", dijo. "Esto hace que nuestros caminos se desvíen. En muchos casos, nos vemos obligados a dejar atrás a las personas que amamos. ¿Cómo puedo explicar lo que pasó? Aún no puedo explicármelo yo mismo. No tengo vida sin ti. Eres la luz, la esperanza. He estado viviendo muerto sin ti,"

"Perdóname, pero no importa lo que digas, no voy a separarme de ti. Le he preguntado a la luna todos los días por ti, y siempre le ruego que te cuide. Las estrellas conocen mi angustia. Cuando el viento pasaba, le gritaba que acariciara tu piel por mí, mientras podía. Siempre supe que eras feliz, y eso me consolaba. Las estrellas me daban tus razones por la noche. Mi amor, te ofrezco los sentimientos más puros que alguien podría tener,"

"Puedo ofrecerte apoyo incondicional, y todo lo que te pido es que me permitas estar cerca de ti, al menos para verte y agradecer a la vida por darme todo, creyendo que me haría feliz,"

"¿Cómo es posible que aún me ames, Berni? ¿Cuánto tiempo ha pasado? Ahora soy viuda. Ha pasado toda una vida, y ahora pertenezco a mis hijos. Tengo cinco. El domingo pasado, exactamente un mes después del fallecimiento de Merardo", Berni notó que ella se refería a su rival solo por su nombre, "le prometí a mis hijos que me dedicaría exclusivamente a ellos. No volveré a fijar mis ojos en otro hombre, y no me casaré de nuevo. Pasaré el resto de mis años protegiéndolos, cuidándolos y ayudándolos con cosas como la educación y el trabajo. Lo siento, Berni. Es demasiado tarde,"

"No, Esmeralda. Sé que es demasiado pronto para que hables de esto. Lo que te pido es simplemente que me dejes ser tu amigo, que esté atento a tus necesidades y que te ayude en

322

cualquier cosa, si lo necesitas. No te sientas obligada conmigo, ni rompas la promesa que le hiciste a él", pensó Berni mientras hablaba.

El tiempo era el mejor sastre para ajustar o cambiar el vestido de las mujeres, y ahora Esmeralda usaba el vestido tanto de madre como de padre, además del peso de la viudez. Por ahora, usaría el estilo de Doña Carmen, para cuidarse a sí misma— otra viuda con dignidad, como tantas en el mundo, sin apoyo moral ni económico.

"Por cada minuto que me permitas estar cerca de ti, viviré un año más", añadió Berni.

"Eso no es cierto", respondió Esmeralda. "Te conozco, conozco tus mañas, y sé que eres el mismo de siempre. Justo ayer, escuché que estabas con una mujer muy hermosa. Sé que no te bastará solo con verme,"

Esmeralda añadió: "Debemos ser realistas. No podemos vivir nuestro amor así,"

Berni volvió a buscar sus manos, y al sentir su frialdad, comprendió que ella estaba sufriendo y, evidentemente, que aún lo amaba.

"Nuestro amor", dijo ella.

La expresión dejó a Berni más tranquilo. Ella se puso pálida y comenzó a sudar. Pero él no tenía intención de hacerla sufrir.

—Sírveme un brandy con leche y un café —le pidió al empleado que pasaba cerca de la mesa.

El encuentro con Berni le causó una gran sorpresa. El amor entre los dos no pudo ser disfrutado a pesar de haber sido muy intenso. Ella nunca pensó que Berni pudiera enamorarse de ella y lo aceptó así. Ahora estaba confundida. Berni la dejó relajarse y para ello cambió de conversación. Dijo: "He estado observando la ciudad y está muy transformada, hermosa y moderna. Estoy encantado de estar aquí, de ver a su gente de nuevo, el progreso y todo."

Berni le habló por más de dos horas. Las manos de ella comenzaron a recuperar calor y su rostro lucía mejor. Berni la contemplaba como se contemplan las cosas sublimes. Con amor, con fe. Berni la adoraba. En este momento podría comenzar la historia de amor más hermosa de una pareja que el destino había separado. Ella salió de su éxtasis y le dijo a Berni: "Tengo que irme ahora."

"Me siento como un extraño, como si no hubiera estado en este planeta. Perdóname por no darte mi número de teléfono, en otra ocasión te lo haré saber. ¿Y cómo podemos vernos de nuevo?" preguntó Berni. "El próximo viernes estaré en la oficina de seguros." Ella se levantó y Berni sacó la silla para darle espacio. Ella lo miró a los ojos y dijo de nuevo: "Son los mismos ojos que solía mirar." Se acercó y lo besó en la mejilla. Berni la retuvo y logró besar sus labios suavemente. Pero para

Berni fue suficiente; había esperado 30 años que para él fueron 100 años. La dejó ir pero ella se llevó todo consigo. Berni sabía que no podía acosarla, tenía que dejarla pensar.

Esmeralda apareció muy temprano frente al edificio donde se encontraba la Compañía de Seguros, pero Berni había estado allí una hora antes. Ella estaba radiantemente hermosa. Cuando lo miró, sonrió y él correspondió. "Espérame en la misma mesa donde estuvimos antes. ¿Cuánto tiempo tardarás?" "No más de media hora," respondió Esmeralda. Cruzó la calle y entró al edificio. Berni se sentó en el mismo lugar. Mientras tanto, pensaba en todo lo que había planeado. Pasó exactamente media hora y ella entró y se sentó en la silla que Berni sacó para ella. Estaban frente a frente de nuevo. Berni la miró a los ojos y dijo: "Dios mío, cómo te amo." Ella esperó y Berni guardó silencio. El silencio se podía escuchar, parecía que todos los presentes estaban de acuerdo. Unieron sus labios y se perdieron en un beso. Las lágrimas fluían de sus ojos, pero eran lágrimas de alegría que rebotaban en la mesa.

Pasaron los minutos y no se dieron cuenta de que el empleado del establecimiento ya había pasado dos veces. Berni ofreció disculpas a la camarera y le dio la orden de traerles una margarita y una cerveza. Mientras tanto, Berni le decía a Esmeralda que con ella le daba valor a la vida y ahora sentía de nuevo el deseo de vivir. "Ahora tengo fe."

"Quiero llorar," dijo Esmeralda. "Llora, mi amor." "No soy la que conociste, soy madre y me debo a ellos." Rompió en llanto, lágrimas de dolor. Berni le entregó su pañuelo perfumado. Llorando, ella le dijo: "¡Es la misma loción!" "Sí, es la misma, tú eres la misma, yo soy el mismo, nuestro amor es el mismo."

Berni cambió de tema para evitar otra crisis.

Esmeralda le preguntó la hora y al saber que eran las 10 en punto se levantó. "¿Cuándo nos volveremos a ver?" Él no se atrevió a pedir su número de teléfono. "Tengo que volver el viernes. ¡Espérame aquí a la misma hora de hoy!" "Te esperaré."

Berni esperó unos minutos y fue a la oficina de seguros a preguntar por ella. "Estuvo en nuestras oficinas hace dos horas pero volverá el viernes." "Bien, muchas gracias," dijo Berni.

Esmeralda fue directamente a la universidad y allí le pidió a una amiga si podía recogerla en su casa por la tarde para contarle algo muy importante. Después de atender a sus hijos, salió al anochecer hacia la casa de Rocío. Allí le contó todo sobre Berni, desde el primer día que lo conoció en la empresa donde trabajaban, hasta el encuentro de hoy. A la pregunta del millón, respondió que sí. "Todavía lo amo." "Debes estar segura de por qué viene a buscarte ahora, podría ser," agregó Rocío, enfatizando, "que su amor sea por el dinero que recibiste? ¿Por los 500 millones de pesos del seguro que te pagaron?"

Esmeralda se asustó. Nunca pensó en eso. Sin embargo, respondió que "sabía que a Berni nunca le interesó la fortuna." "Sé muy bien que tuvo muchas oportunidades de tener dinero y nunca las apreció. En Estados Unidos pudo haber sido una de las grandes figuras de la mafia de las drogas y no aceptó. Lo buscaron para dirigir el narcotráfico y prefirió trabajar como contador en fábricas o estacionamientos."

Esmeralda se fue después de haber acordado ver a Rocío de nuevo.

Esmeralda conducía su auto hacia su casa y mientras lo hacía pensaba en no asistir a la próxima cita del viernes con Berni. "Así podré dedicarme a mis hijos tal como prometí. Puede ser que Berni realmente haya venido solo por el dinero y ese dinero no es mío, es de mis hijos."

En otro lado de la ciudad, Berni salía de la oficina de llamadas de larga distancia desde donde se había comunicado con su esposa Lilian para decirle que el dinero estaba a punto de perderse y que debía esperar unos días más porque posiblemente le pagarían antes de la fusión de los dos bancos. Esto era falso. El capital invertido por Berni no estaba en ningún riesgo y además, amigo de los seguros como siempre fue, tenía una póliza de riesgo de quiebra bancaria. Así que nunca tendría una pérdida considerable, aparte de algunas pérdidas de intereses debido al sistema de ajedrez que causó las caídas en los mercados bursátiles de Nueva York.

También fue a presentarse en la Compañía Bancaria Internacional, donde lo habían estado esperando durante dos semanas. Esta multinacional tenía un puesto importante que le fue ofrecido desde Miami. Cuando llegó a las oficinas, inmediatamente lo invitaron a almorzar, donde le explicarían todo el trabajo que haría dentro de la sucursal. El salario que le ofrecieron sería de US$5,000.00 equivalente a 12,000,000.00 millones de pesos colombianos.

Esta propuesta fue aceptada por Berni pero pidió una semana más para tomar posesión de su cargo, bajo el pretexto de necesitar un poco de tiempo para encontrar un apartamento y un auto para alquilar. La empresa no objetó y en cambio le ofreció una suite o habitación que poseía en uno de los mejores hoteles de la ciudad. Berni les agradeció el generoso gesto pero rechazó el favor. Veinte años en el extranjero sirvieron para enseñarle a no aceptar favores de sus empleadores.

Todo estaba en orden y esto le trajo a Berni un buen descanso.

Todo estaba listo para sostener una relación seria, incondicional y segura para Esmeralda. Las intenciones de Berni eran claras. Y al menos por ahora, Berni no tenía intenciones de una relación sexual con Esmeralda. Esto lo podía asegurar. Y se lo haría saber a ella, una vez que la viera de nuevo, para lo cual estaba contando los minutos, horas y días. Dormía poco y despertaba sobresaltado para mirar el calendario buscando que amaneciera el viernes.

Para Berni era una necesidad vital estar cerca de ella, y esperaría un poco más para tenerla en sus brazos aún fuertes y darle todo su amor gota a gota. Esperó 30 años y uno más no haría diferencia.

Mientras tanto, la compañía de seguros llamó a Esmeralda por teléfono para anunciar que su cheque estaba listo. "¿Puedo ir ahora mismo?" preguntó, a lo que el gerente respondió que sí. "La esperaré con gusto." Era un jueves por la mañana; un día antes del día anhelado por Berni. Se había comprado un vestido nuevo, fue al salón y se arregló el cabello, las uñas de las manos, y por primera vez, le cortaron las uñas de los pies. Siempre lo había hecho él mismo. Ese día era el más importante para él. Era tan especial como aquellos cuando conoció a cada uno de sus hijos.

A las seis de la mañana estaba en la misma puerta de entrada al edificio. Frente al lugar donde se habían estado reuniendo cada semana. Berni no podía evitar el temblor de su cuerpo. Se miró en los ventanales y posó como modelo. "Me veo bien," se dijo a sí mismo. Justo después de la entrada notó una librería y esto le dio gran alegría. "Qué bueno," pensó, "que las librerías aún no hayan terminado." Miró algunas obras y se prometió comprar dos libros cuando abrieran. Entre otros estaban "El Fiscal Narco" y "El Tambor de Hojalata." Cuando vio los precios pensó que los gobiernos deberían subsidiar los costos, para dar acceso a la mayoría a la lectura. "En esta misma vitrina voy a ver mi libro muy pronto y yo mismo lo estoy subsidiando, como le hice saber a mi respetable y honorable agente literario."

En el reloj de Berni eran las 9 de la mañana. Sintió que su corazón se detenía. Pasaron una, dos y tres horas. Berni estaba angustiado. Cruzó la calle y entró a la cafetería y miró hacia la mesa que fue testigo de su amor, extendió su mirada hacia todos lados, fue al baño de damas y abrió la puerta. No había nadie allí. Le preguntó a la chica que siempre los atendía. Luego a cada una de las camareras. "¿Pero cómo es que no la han visto?" Casi gritó. "No señor, no la he visto, no ha venido en días." Salió corriendo y fue a la oficina de seguros y le preguntó a la secretaria por ella. "No señor, no ha venido hoy," respondió. "¡Por favor revise en las otras oficinas!" "No señor, no puede estar adentro sin haber pasado frente a mí." Salió y esperó el ascensor y como tardó más de un minuto, bajó las escaleras saltando cada tres escalones. Afuera, en la puerta, había un vendedor de lotería y le preguntó por ella. "No señor, no conozco a esa señora. He visto muchas mujeres así, pero no sé quién es Esmeralda," dijo el hombre. "¡Te equivocas! No hay mujeres como ella," espetó Berni muy cerca de su cara. "Está bien, señor," respondió el vendedor de lotería. "Cómpreme un billete de lotería, es bueno para usted. El que no tiene suerte en el amor, la tiene en el juego." Berni ya se había alejado del lugar y no escuchó el consejo.

Caminó sin saber a dónde iba. Subió por la calle y en su regreso pasó de nuevo frente al edificio y miró dentro de la cafetería. Regresó al mediodía, minutos antes de que cerrara la compañía de seguros y ahora más tranquilo hizo la pregunta adecuada. "Disculpe. ¿Cuándo puede venir la señora Esmeralda a recoger el cheque?" "¡Lo recogió ayer!" Esa fue la respuesta que para Berni fue una sentencia. Salió de nuevo y fue a recoger su auto. Se dirigió al sur y llegó a la universidad. Estacionó su auto y esperó.

Esmeralda tenía que venir a recoger a su hija y él estaría allí para preguntarle; una mujer puede romper una promesa a un hombre, pero una madre nunca deja a un hijo esperando. Berni se repetía esto mientras esperaba. Faltaban casi dos horas para que salieran los estudiantes. Mientras tanto, y sin quitar los ojos del conductor de cada auto que llegaba, comenzó a escribir. Empezó con un título sin pensar. "El Nuevo Juguete de los Tontos." Una pareja muy dispareja, él un hombre gordo o más bien panzón, con cara de pícaro, con sombrero de copa y vestido elegantemente, usando una corbata con las banderas de todos los países, estaba parado esperando el tren bala que lo llevaría por todos los pueblos de Centro y Sudamérica. La estación del expreso más rápido del mundo estaba en México y desde allí partiría el famoso personaje que por cierto hablaba un español muy extraño, pero era nativo de los Estados Unidos de Norteamérica. Su nombre, según un periodista que quiso

331

entrevistarlo, era el Sr. Alalc. Al parecer, quería vender la imagen del progreso en los carnavales que tendrían lugar en esos días, llamados "Carnaval Global." Ella era una mujer muy delgada, su rostro mostraba huellas de sufrimiento. Su vestido era viejo pero limpio. Deambulaba por la estación y cuando vio al gordo y su séquito fue tras él, como era más fea que Betty, el gordo no le prestó atención. Aprovechó el descuido de los organizadores y se subió al tren. Cuando el amigo borracho de ella, con quien siempre se la veía, gritó "Pobreza, Pobreza, no me dejes, dame tu mano," ella lo agarró y en cuestión de segundos ya estaban camuflados en un asiento del último vagón del tren. "No te preocupes," le dijo el borracho a Pobreza, "conocemos muy bien esas tierras, así que podemos llegar y estos distinguidos señores de la troupe, cuando se den cuenta de nuestra presencia, será demasiado tarde." "Sí, sí," agregó Pobreza. "Van a distraer a la gente con su nuevo juguete y nosotros viviremos nuestras vidas tranquilamente. Toma un trago pero tenemos que cuidarlo, porque el viaje durará hasta 2005." En ese momento, Berni levantó la vista y vio cuando el auto de Esmeralda se estacionó justo a su lado. Se bajó y fue hacia ella y abriendo la puerta, dijo: "Buenas tardes, distinguida señora. ¿Puede decirme qué pasó esta mañana?" "Oh, Dios mío. Lo siento mucho pero no tenía un número de teléfono para llamarte, esas cosas que olvidé pedirte. Bueno, lo que pasó es que apenas ayer cerré un contrato para un apartamento. Por cierto, quiero invitarte a verlo. Por supuesto si el tiempo lo permite." "Mira, Berni," decía Esmeralda con voz grave. "Lo nuestro no puede ser, es imposible." "Pero mi amor," dijo Berni. Y Esmeralda lo interrumpió. "Ayer, cuando mis hijos me encontraron llorando en mi habitación, me llamaron a cuentas y me obligaron a darles una explicación. Habían estado observando mi actitud y notaron que estaba muy nerviosa y lloraba todos los días; desde el primer día que nos vimos tú y yo. Les prometí de nuevo que no atendería a otro hombre o más bien, que no aceptaría tu relación, ni como amigo, novio o amante y mucho menos como esposo. Les hablé de ti y no aceptaron ninguna explicación. Cuando les dije que todavía te amaba me dieron la alternativa: nosotros o él, mamá. Ahora puedes ver que no tengo otra salida que terminar este sueño. Déjame vivir así, como siempre viví desde el día que te fuiste de mi lado."

"Por favor mi amor. Esto es ahora una realidad. Ya no tienes a tu esposo y por eso no me presenté ante ti antes. Permíteme al menos estar cerca, como amigos, si prefieres. No hay nadie ahora en tu corazón, ¡acéptame!" "Te equivocas, estás en mi corazón pero solo eso, en mi corazón. Te repito Berni, no puede ser y por favor nunca me busques de nuevo."

"Espera, veámonos de nuevo en la cafetería, esta tarde después de que dejes a tu hija en casa." "Está bien, nos veremos allí. Gracias Esmeralda. Te esperaré."

Ella salió del auto y fue a recoger a su hija que observaba desde el balcón de la universidad. Berni encendió su auto y fue al centro de la ciudad. Estacionó cerca del lugar acordado y caminó, pasando frente a la iglesia de Las Mercedes, que nunca había visitado antes, entró y se arrodilló. "Su Gracia. Concédeme la gracia de apaciguar el espíritu de Esmeralda. No permitas que mi presencia le cause dolor, problemas o conflicto. Dile al oído que he regresado con las mejores intenciones que nunca tuve para ninguna mujer." Salió y fue a la cafetería. Allí se sintió más seguro y efectivamente, se sentó en la misma mesa donde le había dado a Esmeralda un beso, ese beso que esperó 30 años. El beso más sublime y amoroso que alguien le dio a alguien.

Llamó a la camarera, la misma de antes, y pidió una botella de Brandy francés. Cuando la chica —tenía entre 20 y 30 años— le sirvió, él le agradeció con un billete de cinco dólares pero pidió otro vaso. "Con gusto, señor." Y en unos minutos estaba de vuelta. "Si quieres brindar conmigo, acércate." Ella se acercó y juntos levantaron sus copas. "¿Por quién es el brindis?" preguntó la camarera. "Por la mujer más hermosa del universo," dijo Berni, guiñándole un ojo. Ella sonrió, tomándolo personalmente.

Mientras tanto, el tiempo pasaba, los tragos de brandy pasaban a la cabeza de Berni. Por cada tres que bebía, la empleada que lo atendía bebía uno. La joven le habló sobre un partido de fútbol que tendría lugar esa noche. "El clásico regional," dijo. Pero Berni escuchaba pero no la oía. Sus sentidos estaban todos en la puerta de entrada a la cafetería y sus ojos parecían más grandes de lo normal. Berni sabía que ya era hora de que Esmeralda estuviera allí con él, pero no estaba. Había contenido el deseo de mirar la hora pero ya no pudo más. Eran las 6 de la tarde.

Berni se estaba desmoronando, no por el efecto del alcohol en su sangre, porque era muy resistente, sino porque la duda lo abrumaba. La desilusión lo había atacado y lo estaba despedazando. Comenzó a beber más y la angustia era mayor. Ahora entendía lo que Esmeralda le dijo tres horas antes. Sus palabras martillaban en su cerebro. Se sentía culpable de todos los males de la humanidad. Mientras reflexionaba, la joven se sentó y él no se dio cuenta. Ella le dijo: "Gracias por esperarme. Ya entregué mis cosas" —había terminado su trabajo— "y estoy disponible desde ahora." "Gracias, eres muy atenta y encantadora," dijo Berni y agregó, "¿Qué piensas sobre una cita de amor, cuando la dama no se presenta a cumplirla?" Ella respondió: "Cuando una mujer ama a un hombre, nunca lo deja esperando." Esta nueva sentencia dejó a Berni prisionero en su desgracia.

El avión partió a las 9:30 de la mañana del sábado con destino a la Capital del Sol. Miami. En la lista de pasajeros estaba Berni. Le ofrecieron licor y no aceptó. "No, no voy a beber. Regreso a casa, al lado de mis hijos, ellos son primero y después, cualquier otra cosa. Sí, regreso a dar mi compañía y el amor que me queda, a esa mujer que siempre me ha amado, sin importarle recibir nada a cambio, a la que me conoce y me acepta como soy y que siempre ha confiado en mí. Ella, fiel y abnegada. Voy a aceptar la voluntad de Dios dejando que el destino se lleve a mi Esmeralda de nuevo y ahora para siempre. Ya no puedo volver sobre su camino, nunca podré alcanzarla. Tengo que aceptar el pago por mis errores."

Desde el aeropuerto, Berni llamó a su esposa y ella con una alegría que se podía escuchar en el cable telefónico, salió a recibirlo en compañía de su querido hijo Marco Antonio. En pleno vuelo Berni pensó que ahora no era necesario ir en busca de sus hijos como siempre le correspondió hacer porque con la tecnología informática, los estaría viendo en medio de la conversación. Pensó, ahora nosotros los padres y abuelos no sufriremos tanto esperando a nuestros hijos y nietos. Estos avances tecnológicos nos dejan entrar a sus hogares sin que ellos se den cuenta. "Sí, es correcto. Un día, muy pronto, entraré a la habitación de Esmeralda y le diré que la amo como a ninguna otra, sin que sus hijos puedan impedirlo."

Berni se había convertido en un esposo y padre ejemplar y un trabajador de muchos quilates.

La golondrina amiga del "Príncipe Feliz," del autor Oscar Wilde. "Devuelve Señor mi Espíritu a las personas necesitadas de amor, salud, compañía y justicia. Mi tiempo se acabó. ¿Qué? ¿Qué te acabo de decir? Oh Dios mío. Ahora recuerdo que el tiempo es como Tú que alivia todo dolor y sufrimiento. Por supuesto, el tiempo eres Tú mismo y eso es lo que necesito. Mis problemas se resolverán con el tiempo que me des para resolverlos. ¡Perfecto!"

Berni encontró en su encuentro con Dios, el mayor tesoro que existe.

Berni pensó que había encontrado el mayor tesoro que salvaría su vida. Que lo salvaría de la falta de amor que había estado sintiendo.

El pirata Morgan, allá en la Isla de San Andrés, en Colombia; nunca llegó a tener el tesoro que Berni ahora tenía.

En ese mismo momento, Berni pensó, que si su Padre, Don Marco Aurelio y su Hermano César, el sastre, hubieran hablado con Dios, seguramente Él los habría salvado del suicidio hablándoles sobre el tiempo. "Qué lástima. Es cuestión de esperar un momento hasta que sane las heridas que nos hacen desangrarnos. En unos meses o años, todos los problemas desaparecen. Por qué no esperar. La vida de los humanos tiene 6 millones de años. Entonces, ¿por qué no esperar unos segundos que realmente se necesitan dentro de los millones de años de existencia?"

Por qué las personas se dejan llevar por los problemas o las emociones, hasta llegar al suicidio, causar la muerte de otros, separarse de su pareja, abandonar la familia como si de estos actos resultara la solución que los atormenta.

"Me tomó más tiempo bajar los brazos e inclinar mi cabeza ante ti, Padre Nuestro."

AL FINAL, Berni resolvió, definitivamente crucificar a su otro YO.

Iba a dejar que este muriera, dejando así que el verdadero Berni lo reemplazara.

Había leído una obra del famoso Paulo Coelho, Nobel de Literatura, en la que Berni después de leerla, tomó la idea que ahora proponía. Coelho cita a la mujer que deja su vida sedentaria, sus estudios, sus sueños, su profesión, para ir en busca del OTRO, el que había estado observando durante varios meses, el que la invitó a disfrutar la vida, sus encantos, su amor juvenil.

Solo que en Berni, este efecto fue el opuesto. Berni abandona al OTRO, que es precisamente el que le impide una vida sedentaria, pacífica, sin aventuras, mujeres, sueños de grandeza. Ese otro de Él, que nunca pudo oponerse a este, el infiel, ambicioso, orgulloso y despreocupado por las cosas de valor como el amor, el respeto, la honestidad y la fidelidad.

Entonces, un tiempo después, Berni fue a la biblioteca en busca de un libro para leer y encontró uno titulado: TODO LO QUE UN HOMBRE DEBE SABER SOBRE LAS MUJERES.

Lo pagó y fue a sentarse en una silla. Abrió el libro y para su sorpresa, estaba en blanco. No contenía nada en sus páginas, esto le causó tanta admiración, que lo llevó a su casa y lo colocó en los estantes de su biblioteca. "Increíble," pensó, "sin estar escrito, dice todo lo que sabemos o conocemos sobre las Mujeres. NADA."

Jesús en la última cena separa claramente el cuerpo del Espíritu, y nos invita a vivir la vida eterna, a través del verdadero arrepentimiento.

Berni dice: "Señor Jesucristo, estoy arrepentido en mi corazón por haberte ofendido y detesto desde ahora mis ofensas y pecados. Desde ahora haré tu voluntad, no la mía."

Padre: Siento la alegría de los que están seguros en la tierra y de los que en Espíritu puro, rodean nuestras vidas, el Planeta, el Universo Espiritual y el Cosmos.

FIN

www.ingramcontent.com/pod-product-compliance
Lightning Source LLC
Chambersburg PA
CBHW061554120626
46550CB00004B/1490